新築マンションは買わないほうがいいワケ

不動産業界の人だけが知っている

城戸輝哉
Teruya Kido

はじめに

今、本書を手に取っているあなたは、15年前の僕と同じように、「もっといい家に住みたい。だけど、買うにしても賃貸にしても、本当に住みたいと思える家にはなかなか出会えないし、理想を実現しようと思ったら、どう考えてもお金がかかりすぎじゃない？」と諦めて、妥協した住まいで一生を過ごすライフスタイルを、受け入れようとしているのかもしれません。

まさか無理して身の丈以上の住宅ローンを組んで、新築マンションを買おうとなんかしていませんよね？ もし、そうだとしたら、いったん冷静になって、「なぜ住まい探しをするのか？」と考えてみてください。

今の時代に新築をフルローンで購入することほどリスクの高い話はありません。少なくとも僕は、そんな無謀な買い物はしません。

そもそも建築デザイナーを志していた僕が、なぜ「スマサガ不動産」という不動産屋を立ち上げることになったのか。その最大の理由は、僕自身が**「不動産屋は信用ならない」**

と思う体験をしてきたからです。

ボロアパートに事務所を構え、建設設計事務所の仕事をスタートさせた15年前。その頃はまだ不動産業には携わっておらず、クライアントの依頼で中古物件のインテリアをリニューアルするデザインをしたり、建物の構造や配管の状態をチェックしたりする、いわゆる「リフォーム屋」のような仕事が多かったです。大好きなデザインの仕事ができて楽しかったのですが、その一方で、不動産業界が抱えるさまざまな問題に直面することになります。

当時、建築士だった僕に中古物件のリフォームや建物の状態チェックの仕事を依頼してくれるのは、一般の方の場合もありましたが、多くは再販や仲介に携わる不動産屋だったのです。そのとき、よく言われたのが、こんな言葉でした。

「今回はあまり予算がないから、表面だけカッコよくデザインしといてくれないかな。あんまり細かいチェックをして、物件に何か瑕疵が見つかっても困るし」

え？　それでいいの？　その言葉に、僕は頭をハンマーで殴られたような衝撃を受けました。再販にしても仲介にしても、誰かが購入して住むためのリフォームですから、物件価値を再生するような方向で行うべきなのに、ただ外見さえよくして売れてしまえば、それでいいということ？　誰かが「一生の住まい」として購入するかもしれない大切なモノなのに、先々起こるかもしれない不安要素を見ないようにして、この人たちは取り扱っているのかと心底驚いたのです。

例えば、どこかの物件の床下や天井を開けてみたところ、給排水の配管が老朽化して腐食が進んでいることがわかったとします。鉄筋コンクリートの建物の場合、しっかりメンテナンスしてやれば50年まで次第にコンクリートの強度は増すし、その後の寿命も長い。配管は20年前後が修繕の目安です。修繕や交換を怠れば劣化するし、腐食を放置していると水漏れが起きます。水漏れの被害そのものも問題ですが、その水が鉄筋コンクリートの内部に浸透して、建物に大きなダメージを与える危険性があります。せっかく配管をチェックできる状況にあるのなら、絶対に対処しておくべきなのです。

でも、当時、僕が出会った不動産屋の大半は「まだ水漏れしているわけじゃないから、交換しなくていい」と、老朽化した配管を床下に見えなくして、床の表面には新品のフローリングを貼り、あたかもすべてがリニューアルされたように見せるわけです。

もっとひどいケースになると、土台が腐って、今にも風呂場の床が抜けそうになっている木造住宅もありました。しかも、これはこの家を賃貸に出すためのリフォームの依頼でした。土台は住宅の構造の要。このままでは住むのも危険な状態です。床が抜けそうになっている部分だけキレイにリフォームして、瑕疵を見えなくすることは簡単です。でも、まさか他人にこんな危険な家は貸せないでしょう。しかも、気付かないまま使い続けてしまえば、家は傾き、建物としての資産価値を失っていきます。

さすがにこれは対処すべきだろうと思い、僕が指摘したところ、担当していた不動産屋に言われたひと言が、「そんなの、隠しときゃいいんだよ！」。それを聞いた瞬間、僕は**「もうこの人たちと仕事をするのはやめよう。自分が納得できる住まいを取り扱うために不動産屋になろう」**と決心しました。

ここまでの話だけでは、「不動産屋によって中古物件がいかにぞんざいに扱われているか」を伝えたいのかと思われるかもしれません。しかし、本当に伝えたいのは**「中古にな**

った時点で建物の価値が極端に低くみなされる日本の住宅市場の歪《いびつ》さ」、そして、本書でまず始めに取り上げる「そんな不健全な状況がなかなか改善されないこの国で新築マンションを購入することの恐ろしさ」です。

建物というのは定期的なメンテナンスが必須となります。それによって常に住みやすい状態が確保されるし、利用価値も維持されるのです。しかし、その建物を扱う不動産屋さんが、悪循環をつくる張本人なのはなぜか？　日本の住宅市場には何か欠陥があるんじゃないか？　そんな思いこそが、僕が「本当の住まい探しのあり方」を模索することにのめり込んだきっかけでした。

あなたが、**もっと自分らしいライフスタイルを描くために住まいを購入し、その住まいから将来の自分を支える資産価値を得る**ためにはどうすればいいか。これまで僕が考え続けてきた問いに対して、今、伝えられることのすべてをこの本にまとめました。

本書を読めば、あなたの住まい探しの常識が１８０度変わるとともに、生き方そのものが変わります。そして、「住まい探しのコンセプト」と「住まいの資産価値」のつくり方を伝授していますが、これができれば人生そのものが変わります。

なぜなら、**住まい探しというのはあなたの人生にとって、何が必要で、何が必要でないかを、しっかり理解するための作業**だからです。そうやって、住まいの購入時にしっかり自分の価値観に向き合って、自分の理想のライフスタイルと資産価値が最大化するポイントを見つけ、自分のアタマで考えて物件を選択して、自分らしいライフスタイルに到達した実感を得た人は、文字通り、「人生の主役が自分になる」わけです。

これからお話しすることは、**いわゆるお得な物件情報を人より先にGETする方法とか、少しでも安上がりにリフォームをする方法とか、そういう損得勘定を刺激するノウハウではありません。**世に氾濫する玉石混交の情報から、あなたにとって本当に必要なものを見定め、自分らしいライフスタイルの行く先を誤らないためのものです。そして、10年後、20年後に自分を支えてくれる資産とは何かを勘違いしないために、**住まい探しにおける正しい考え方を身につけ、損得勘定を超えて、将来のあなたを最も幸せにするための知識を得てほしい**と思っています。

ただ、最新スペックで見栄えのよい住まいをお得な価格で手に入れたというだけでは、あなたは幸せになれません。どんな街で、どんな空間で、どんなモノたちに囲まれて暮らすのが幸せなのか？　将来、どんな自分になりたいのか？　そういう個人的な価値観が大切なのです。そして、**さらに大切なのが、住まいは購入するにも維持していくにも大きなコストが必要なので、それに見合う資産価値があるかどうか。**

本書では、まず前半で現在の不動産業界が抱える問題点を明らかにするとともに、これまでに刷り込まれてきたであろう〝古くて誤った常識〟をひっくり返していきます。そして、後半では、あなたの住まいを「資産」にするための住まい探しのコンセプトのつくり方、絶対に後悔しないための不動産購入の戦略についてお伝えします。

あなたは今、住まい探しをしているところですか？　あなたはどれだけ住まいの中身を知って探していますか？　そして、どのくらい資産価値があるかを理解しながら探していますか？　不動産会社は頼りになりますか？　不安がいっぱいなんじゃないでしょうか？

でも、**その不安はすべて〝古くて誤った常識〟による思い込みです。資産価値のつくり方さえわかっていれば、不安になることはない**わけです。不安を煽る不動産会社に情報コントロールされないように、あなたのペースで、あなたの考えで住まい探しができるようにこの本を書きました。

今日に至るまで、日本の住宅市場はあまりにも業者側が主役になりすぎました。その結果、業者側が利益を得るためだけに取引が行われる市場として成長してきたのです。**本当ならば所有者であるユーザー側が自分の住まいの資産価値を享受すべき**じゃないですか？ そうなるための考え方をこの本には詰め込みました。

住まい探しはあなたが考えているより、もっと自由に考えていいものです。そして、一般に考えられているよりも、もっとたくさんの可能性があります。あと、何より楽しいです。僕のクライアントたちがそれを証明してくれています。

この本を手にしてくれたあなたにも、同じように住まい探しを楽しんでもらい、至上の価値を持つ住まいとの出会いがあることを祈っています。

目次

第三章 「あなたの人生」を手に入れる住まい探しの方法

第四章　不動産業界のプロだけが実践する購入判断の流儀

第五章　街選び×物件選び×予算の考え方

第一章　新築を買うバカがいるから売るバカがいる

■供給過剰なはずの新築住宅が増え続けるミステリー

あなたが、今、住まいの購入を検討しているとしたら、数字が語る住宅市場の現実を直視すべきです。

日本では、若い時期には賃貸暮らしだった人も家族ができたり増えたり、ある程度の年齢なり収入なりに達したら、その多くが住まいの購入を考えます。なんとなくそうしなきゃいけないような、世間の空気がありますよね？

大企業にサラリーマンとして勤めながら、賃貸にずっと住んでいる人は、「そろそろ家くらい買わないとダメだ！」と、周りから半人前扱いされることもあるそうです。あと、クライアントとの打ち合わせの合間に聞いた話ですが、「家もまだ買ってやれないのか？」と、奥さまの両親に怒られたのがきっかけで住まい探しを始めたという方もいらっしゃいましたね。

そして、日本人は総じて新築好きです。サラリーマンが住宅ローンを組んで購入するとしたら、都市部ではマンション、地方では一戸建てが多くなりますが、「どうせ買うなら新築がいい」という意見が多数派になることは共通しているでしょう。そして、そうい

新設住宅着工戸数の推移

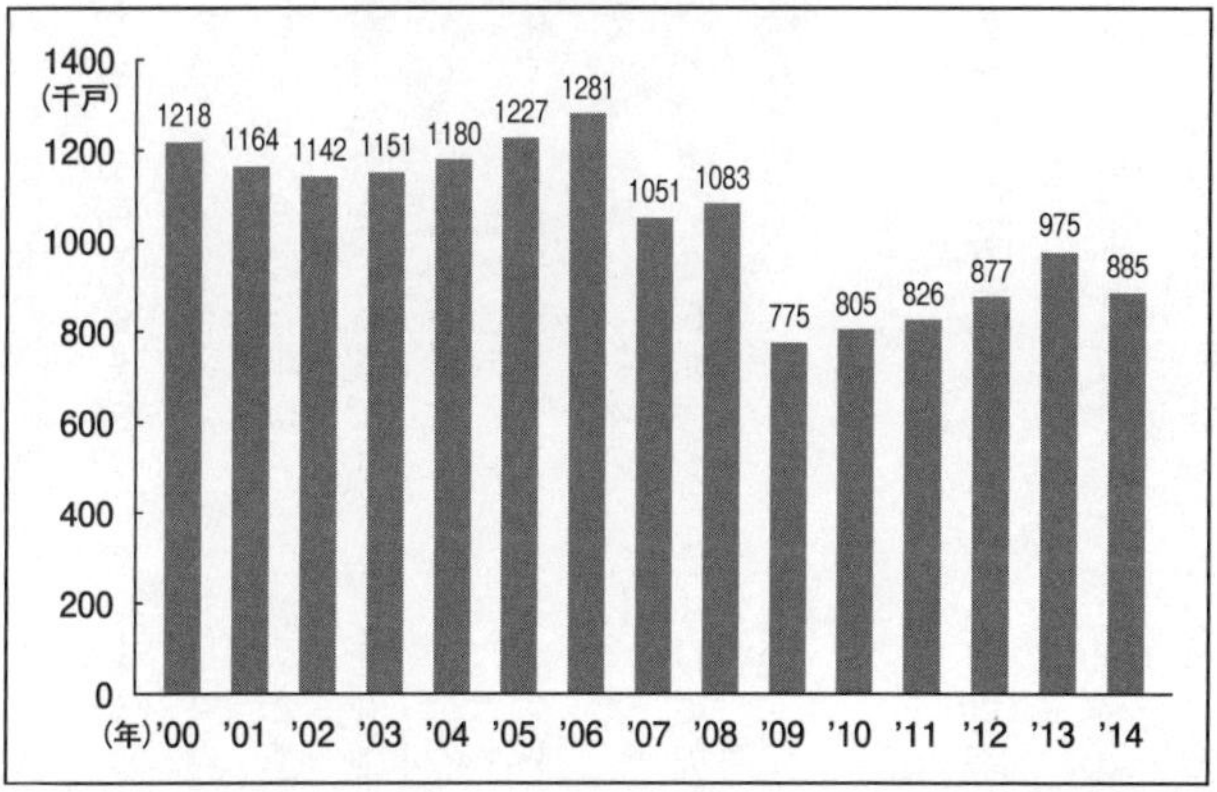

出典：国土交通省

うニーズに向けて、毎年大量の新築住宅が市場に供給され続けているのです。

国土交通省の発表では、**２０１４年の新築住宅の着工数は約89万戸。２００８年のリーマンショックまでは１００万戸を割ることはなかったのですが、２００９年にいったん１００万戸を割り込み、そこから改めて少しずつ増えてきているのが現状です。**もちろん、取り壊される住宅もありますので、89万戸がそのまま住宅の増加数ではありません。しかし、**毎年数十万戸の住宅が増え続けていることは事実です。**

ところで、今の日本に、そんなに大量の新築住宅を供給して住宅数を増やし続ける必要があるのでしょうか？　前述した通り、確かに一般的な日本人は新築好きです。また、住まいを手に入れてこそ一人前という**ステータスからくる所有欲も強い**ので、新築で住まいを購入したいというニーズは、ずっと継続するのかもしれません。

しかし、今の日本は、人口減少がすでに始まっていて、全体の需要が減るのはどうしても避けられない状況です。周りを見渡してみてください。住む場所がなくて困っている人なんてほとんどいませんよね？　その状況で、毎年、100万戸近くの新築住宅を市場に供給する必要はありません。日本の住宅はすでに供給過剰の状況にあるのです。

そして、実は、日本の住宅はすでに大量に余り、空き家も増えています。余っているとはいえ、壊すにも維持するにもお金がかかるので、今後、行政としても、所有者としても、相続人としても、どう対処していくべきか悩ましい問題になってきているのです。

■あなたの隣も空き家に？「空き家率」30・2%の衝撃！

2014年7月に発表された総務省のデータによると、日本の空き家数は実に820万戸にのぼります。総住宅数6063万戸に占める割合は13・5%になり、ほぼ7軒に1軒

総住宅数、空き家数および空き家率の実績と予測結果

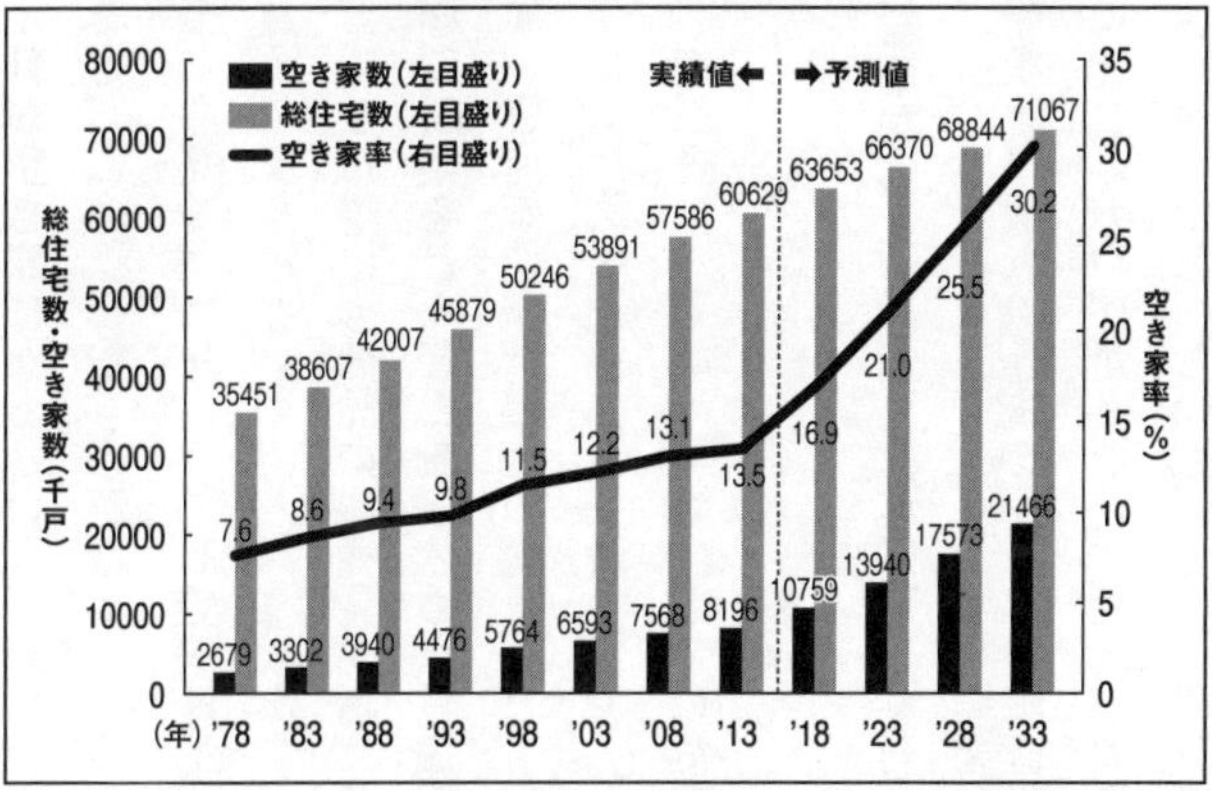

出典：野村総合研究所

は空き家ということになります。

実は空き家が増えているのは地方だけではありません。**東京でもすでに住宅の11%が空き家**になっています。にもかかわらず、２０２０年の東京オリンピックに向けて住宅が足りないとばかりに、新築はなおも供給過剰な状態で推移しています。したがって、空き家率はこれからもどんどん大きくなると予想されます。

野村総合研究所が２０１５年６月15日に発表した予測データによると、住宅の解体や除去などが進まない場合、２０３３年には総住宅数が７１００万戸、そのうち２１５０万戸が空き家になるとされています。空室率にすると、なんと30・２%。**近未来の日本は３軒**

に1軒が空き家になるという、かなり衝撃的な予測です。

なぜ、これほど空き家が増えているのに、不動産デベロッパーやハウスメーカーは次々と新築住宅を建てて、さらに空室率を上げようとするのでしょうか？ そして、ユーザーも買うのをやめないのでしょうか？

どんな市場でも商品の流通量が増えればそのモノの価値は下がります。つまり、**不動産市場に新築をどんどん流し込めば、住宅を所有している人の資産の価値がどんどん下がります**。資産価値が下がり、売ることも貸すこともできず、維持するにもコストがかかるし、壊すにもコストがかかる。状況はどんどん悪化しているのですが、それが「空き家問題」として話題になり始め、もうすでに危険領域に達しているのです。

■新築をつくりすぎる社会で得をしているのは誰か？

今では想像もできませんが、終戦直後、焼け野原になった日本は深刻な住宅不足でした。実に420万戸が足りなかったとされています。当然、新築住宅をどんどん建築していく必要があったし、しかも、それが景気刺激策として非常に効果的だったのです。高度経済成長期からバブル期にかけては、人口も増加して経済も右肩上がりに永遠に成長していくかのような勢いがあったので、サラリーマンの所得も増え、土地も値上がりしていきます。所得が増え続けて、土地が値上がりし続けることを前提にすれば、収入ギリギリの返済で無理して35年の長期ローンを組んで住まいを購入しても、絶対に損をすることはないと思えました。そして、戦後の貧乏から脱却し、サラリーマンでも一国一城の主になれるという意識と、**行政と業界のプロパガンダ**により、幸せの象徴のように考えられていた「持ち家」。それを手に入れることが、まさに当時の夢の実現だったわけで、経済成長の過程で売る側も買う側もみんながＷｉｎ－Ｗｉｎになりました。

しかし、終戦から23年後の１９６８年。住宅のストックが２５５９万戸となり、世帯数２５３２万戸を上回りました。つまり、この時点から空き家が出始めていたのです。しかも、１９７５年以降、合計特殊出生率が２を割り込み続けていたことから、現在の少子高齢化と人口減少は、40年前から予見できていたはず。この頃から計画的に、将来の「空き家問題」への対策を打ち出していればよかったのですが、景気刺激策として効果的だった新築住宅の購入支援が優先され、結果としてどんどん空き家が増えていきました。

そして、今、バブル経済もはじけてからすでに25年。新築が市場に供給されればされるほど住宅の資産価値が毀損されることが明らかなのに、日本は相変わらず新築至上主義のままで、新築が最も価値があると信じて疑わない消費者がいて……そして、このまま世の中が変化してほしくない既得権益者がいて……という状況に陥っているのです。

この新築至上主義を継続することで潤うのは、当然ながら不動産業界と建築業界であり、住宅ローンを扱っている金融機関です。高度経済成長期ならともかく、景気が停滞し人口減少と空き家問題を抱えた現在では、新築で住まいを購入しても資産にはならず、所有者は一方的に負債を抱えます。商業施設のようにその建物が直接利益を生むのであればともかく、直接利益を生まない住宅は長期的に資産価値が維持されてこそ、所有することの意味があります。にもかかわらず、みんなで建て替えサイクルを早めようとしているのが、本当に不思議な話です。

ちなみに住宅建築1000戸の経済効果は、持ち家の購入の場合、投資額250億円に対し、最終需要に対する生産誘発額は517億円にもなるといいます。付随する雇用誘発や税収効果も大きく、自分の任期中という短期間で、景気刺激策の効果を数字的な結果としてみせたい政治家にとっても、なかなかやめられない流れだといえます。つまり、不動産業界、建築業界、金融機関、政治家といったあたりが、既得権益者となっているはずで、彼らにとって、「空き家問題」を棚上げにしてでも、短期的に効果のある景気刺激策を狙いたいのが本音なのでしょう。

■新興住宅地の寿命が短い理由

さらに悪いことに、2011年の東日本大震災からの資材不足と、2020年の東京オリンピック開催に向けての開発ラッシュが重なり、建築資材が値上がり、結果、都市部では新築マンションの価格がまるでバブル期のように高騰しています。**特に海外からの投資も入っている湾岸エリアのタワーマンション群は、現状の価格と実質の価値が見合っているか慎重に検討すべきだと思います。**そこには、資産になるはずの住まいを長い目で維持管理しようとせず、買いどき・売りどきをステータスと相場観で判断する現状があるからです。まるで相場師のように。

いっしょに入居したタワーマンションの所有者が相場師ばかりだったらどうなるでしょうか？　経済状況によって値崩れしそうになったら一斉に売りが出てしまう。他人の損得勘定で自分の資産価値が損なわれてしまう。でも、実際に、住宅評論家や営業マンから、

「マンションは10年で住み替えなさい」といった、相場師的な思考を吹き込まれて買っている人も多いのです。その街に、長く居を構えたいと願っている人にとってはたまったものではありません。

ましてや、湾岸タワーマンション群は、人口爆発で地価高騰中のニュータウンなのです。ニュータウンでは、開発が一段落した後も資産価値が安定的に推移するかどうかはわかりません。もし、今が実体よりも高い相場に膨らんでいるのだとしたら、そのバブルの波が高ければ高いほど、相場が崩れたときの引きの速さは急激です。

戦後の日本では、**多摩ニュータウンを始めとして、新しく開発した住宅地が世代交代を超えて発展している例は非常に少ないです**。ほとんどの場合、新しく街が開発され、分譲マンションや一戸建てが建てられ、住まいを購入して最初に入居した人たちがローンを払い終える35年以内に、街の価値がほとんどなくなってしまうのです。

時代による価値観や働き方の変化などで、利便性や環境に求める基準は変わります。そうすると、一時は人口が増えて活性化した街も、子供の世代が都市部に出ていくため一気に寂れてしまいます。そのときは、早ければ開発されて30年もしないうちに来るのです。開発のピークに高値で住まいを購入した家族にとっては大変な事態です。

■特殊すぎる日本の住宅事情

日本の中古住宅の流通量は、新築と比べてかなり低いのですが、欧米先進国のデータと比較してみると、これは日本だけの特殊な事情であることがわかります。

住宅市場全体に中古住宅が占める割合を見てみると、日本が住宅取引全体の14・7％に過ぎないのに対し、アメリカは89・3％と9割近く、イギリスも88・0％と同じく9割近く、フランスも68・4％と、いずれの国も中古住宅の取引率が日本を大きく上回っています。つまり、**先進国のなかで、新築をどんどんつくってどんどん売っているのは日本だけなのです。**

また、国土交通省の「既存住宅流通シェアの国際比較」によると、**日本の住宅の平均寿命は約30年**しかないということですが、実際、アメリカの住宅の平均寿命が66・6年、イギリスが80・6年というのに比べるとかなり短いです。この数字からも、日本人がいかに住宅を使い捨てにしているかということがわかります。日本人というのは、歴史や文化を大事にする国民性ではなかったのでしょうか？

既存住宅流通シェアの国際比較

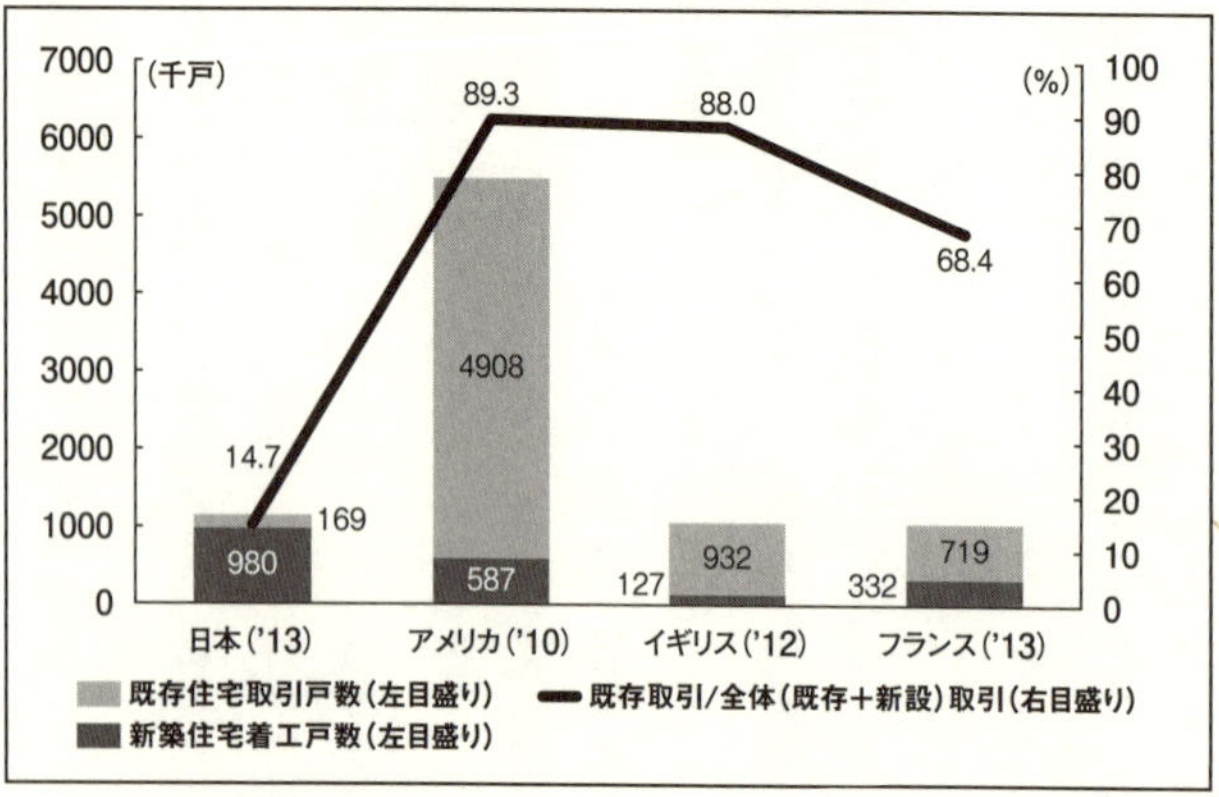

出典：国土交通省

滅失住宅の平均築年数の国際比較

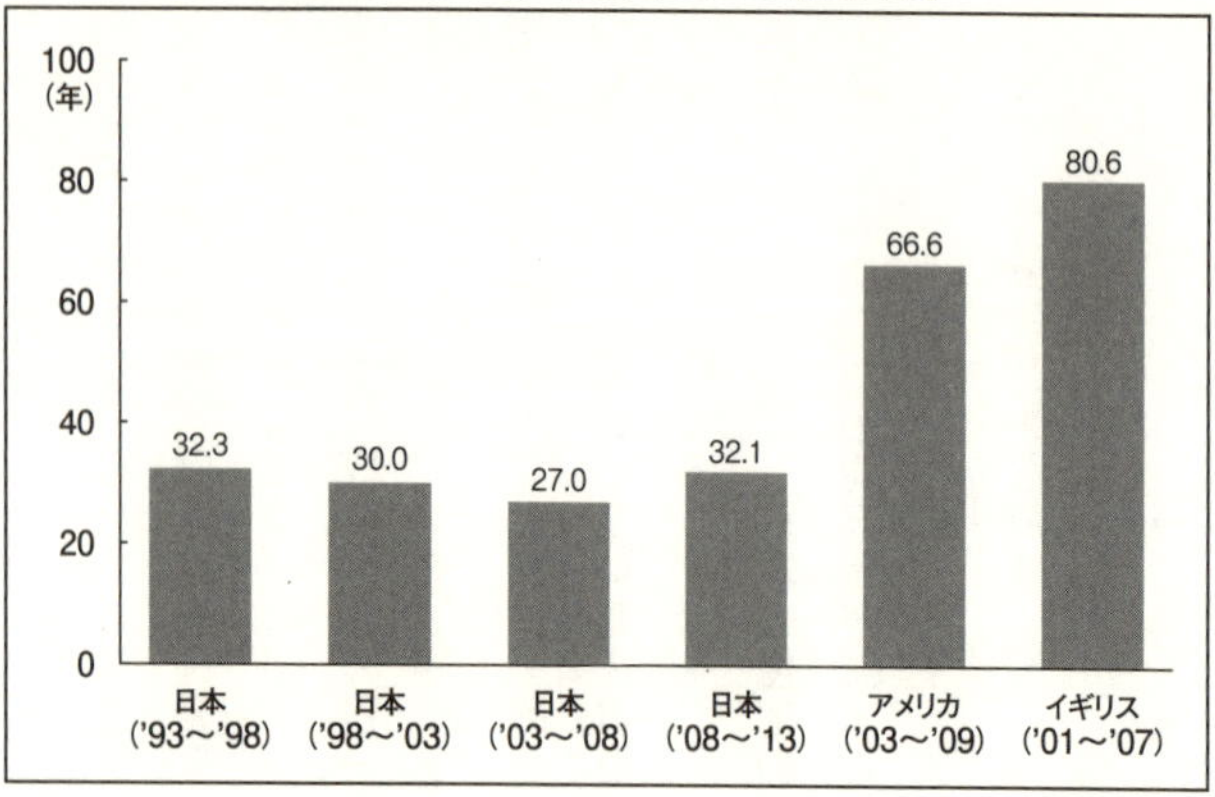

出典：国土交通省

では、欧米のように中古住宅の取引が圧倒的に多い場所では、どのような街並みがつくられているのでしょう？　実際、欧米の都市や高級住宅地の街並みは古い建物を中心に構成されています。パリ、ロンドン、ローマなどヨーロッパの街を歩いた人ならわかりますが、華やかな中心街に入れば入るほど建物は古いですよね？　伝統的な街並みを大切に守ることで、街の価値が維持されると考えられているのです。

「古い」から「汚い」というイメージを結びつけてしまう人は、完全に新築至上主義に洗脳されています。欧米の都市は、「古く」て「美しい」からこそ価値があるのです。日本人には信じ難いですが、**欧米では、築100年を超えた中古住宅が、新築以上の高値で取引されます。**ホントです。だから、みんな真剣に住まいを大事にするし、暮らしを楽しみながら豊かになれるし、本当の意味でのステータスです。まさに「伝統」と「実績」が利益になって所有者に還元される現実がそこにはあるのです。

■知っていました？　新築を買うことの大きな「リスク」

日本でも京都のお寺や伝統的に保存されてきた建物を訪問して、「古く」て「汚い」と感じる人はいませんよね？　やはり、「古く」て「美しい」と感じて、「またその空間を体感したい！」と思いますよね？　それがブランド価値です。ブランド価値は維持管理がしっかりされていることで高まります。その価値の考え方が住宅にも適用されているのが、欧米の都市や高級住宅地に立地した建物であるということです。

欧米では、建物が古いからという理由で価値が下がることはありません。大事なのは、維持管理がしっかりされていること、そして、時代の変化が求める性能やライフスタイルを踏まえてリノベーションされ続けること。**立地した場所の要求に応え、長期に資産価値が維持されてきた「古く」て「実績」のある建物は、その後も価値が持続する可能性が高いと判断されます。逆に新築は「実績」がないということで購入するのはリスクが高い建物だと判断します。**なぜなら、「実績」がないということは、この先10年後も適切に維持管理されているか、そして、竣工時にわからなかった瑕疵が発見されないかについて、分析することも予測することも不可能だからです。

最近の日本で、マンションの手抜き工事が発覚する事件が頻発していますが、その瑕疵について、竣工したばかりの新築の時点では、専門家でも見抜くことは不可能なのです。

ほとんどの場合、築10年程の経過を見て、「建物が傾き始めている」などの状況から、瑕疵の存在が可能性として疑われ、調査が始まるという流れになるわけです。

２００５年に起きた姉歯元建築士による耐震偽装事件も、コンクリートの中に隠れた鉄筋の数という目に見えない構造強度の瑕疵の問題です。建築の現場とユーザーの情報の非対称性を考えると、**耐震性能や最新の設備のスペックだけで判断して、より新しい建物であれば安心と判断するのはあまりにも楽観的です。**欧米の社会が、建物の価値を「実績」重視で評価するというのは、非常に合理的で堅実な考え方と思いませんか？

■「幸せ」になるために買いますか？「貧乏」になるために買いますか？

ここで、日本とアメリカの住宅投資額の累計と住宅資産額についてのグラフがあるので見てみましょう。「住宅という社会インフラの整備にどれだけのお金がつぎ込まれ、結果としてその資産評価がどうなっているか？」というグラフです。このグラフで日本とアメリカの差を見れば、新築至上主義の日本と、中古重視の欧米先進国の住宅政策の違いで、これほど投資効果に差が出るのかと驚きますよね？

日米の住宅投資額累計と住宅資産額

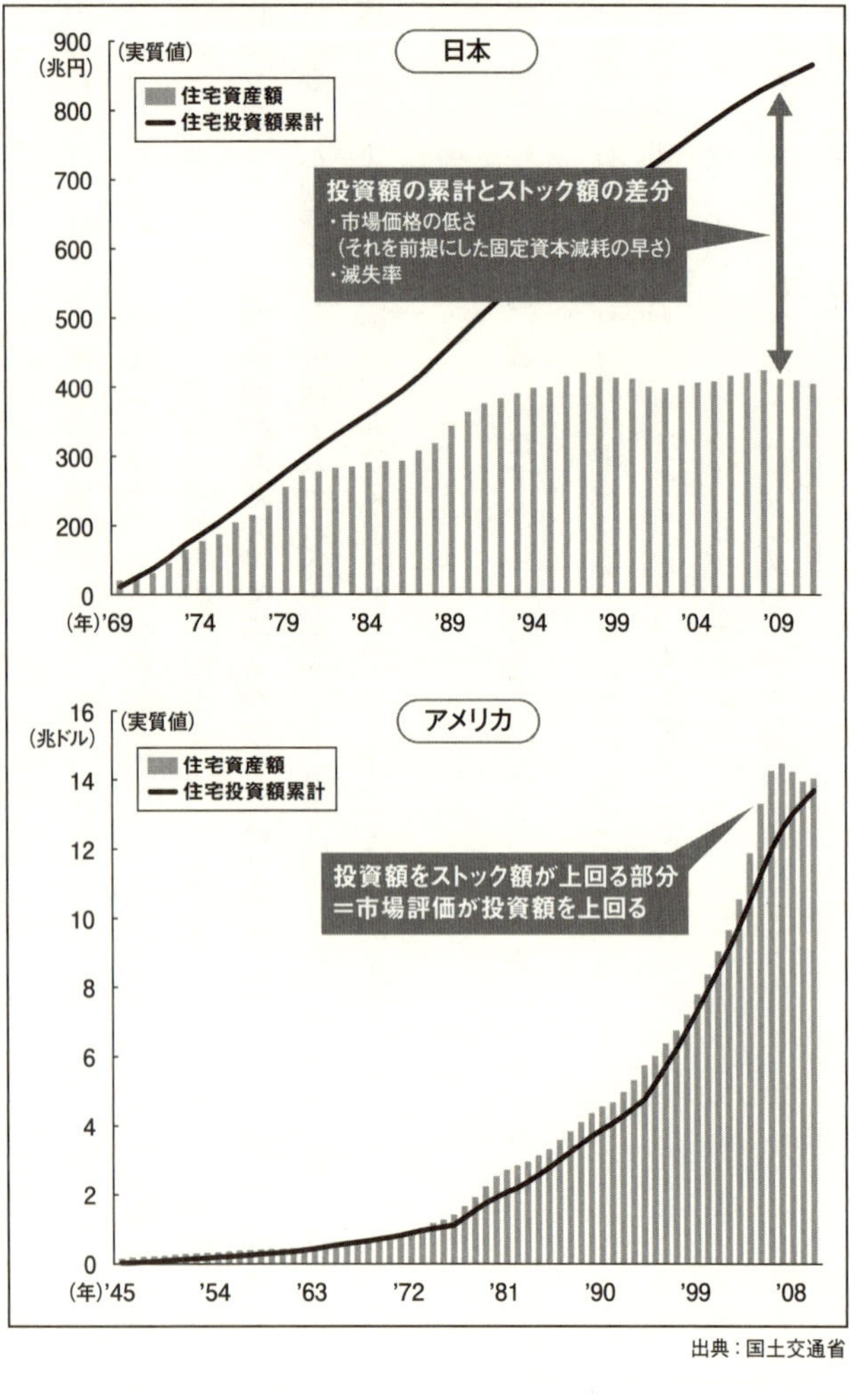

出典：国土交通省

新築住宅の流通が中古よりも圧倒的に多い日本では、１９６９年から２０１３年までに８９３・３兆円の住宅投資が行われています。しかし、残存している住宅の資産評価は３４９・８兆円しかなく、差し引き５００兆円の投資額が失われてしまっているのです。これはとんでもなく大きな損失といえるのではないでしょうか？

これを個人のこととして考えてみてください。親が新築で購入して頑張って住宅ローンを払い続けてきた住まいが、子供が相続すると建物の価値は「ゼロ円」と査定されます。親子代々で住み続けられるなら、それぞれがローンを払い続ける必要はありませんが、そこに子供は住み続けずに、自分で新築の住まいを購入します。子供もまた、そのうち価値が「ゼロ円」になる新築のためにローンを払い続けるわけです。そして、売れない親の住まいは空き家になり、前述した「空き家問題」につながっていきます。**なんと、サラリーマンが一生をかけてローンを払い続けた住まいが「資産」になりません。これが、日本人が住まいを買うことで貧乏になる悪循環のスパイラルです。**

一方、中古住宅の流通が新築よりも圧倒的に多いアメリカでは、残存している住宅の資産評価が累計の投資額を上回っています。つまり、ある住宅を購入して、価値が上がるのを待てば、よりグレードの高い住宅に住み替えができるということです。アメリカ人は一生で平均7回住まいを買い替えるといいます。そして、買い替えのたびに住まいがどんどんグレードアップしていくイメージです。住まいの購入で貧乏のスパイラルにはまる日本とは大きな違い。つまり、新築が流通の中心か、それとも中古の流通が中心になるかで、これだけユーザーの置かれる環境に差が出てくるということです。

■建物の価値が22年で「ゼロ円」になるってホント？

日本で築22年以上経過した木造戸建てを売ろうとして査定に出すと、土地代のみで評価され、建物は「ゼロ円」とされてしまいます。それが、今の不動産取引の現状です。土地は消耗しないが、建物は消耗していくので、経年で評価額が減っていくという考え方です。建物の経年によって評価額が減ることの根拠になるのが会計で使われる法定耐用年数です。会計処理の決まり事として、木造の建物は22年（鉄筋コンクリート造の場合は47年）で償却するように定められています。この法定耐用年数を、そのまま実際の建物の寿命と勘違いしてしまう人が多いのです。

でも、**実際に建物が22年で寿命を迎えることはまずあり得ません**。つまり、法定耐用年数はあくまで会計上の処理であって、物理的な寿命とはまったく関係ありません。法人が木造の建物を購入した場合の経費の計上は一度にするのではなく、22年かけて行うようにしてくださいという会計上の決まりごとに過ぎません。本来関連性のない概念なのに、それを不動産取引の実務に持ち込んで、法定耐用年数に応じて建物の価値が減っていくという前提が慣習的につくられて、売買価格の査定に反映されているのが実態です。

確かに建物は放っておいたら劣化していきますが、適切なタイミングで維持修繕がなされれば、その分建物が健全な状態に戻り、寿命も延ばすことができます。この戻り分を「利用価値」としてきちんと評価できる基準をつくり、売買価格に反映させていくことが、今後、行政や不動産業者、金融機関などの課題になっています。このような仕組みがしっかりできれば、ユーザー側も安心して維持管理にコストをかけるようになり、建物の寿命が伸び、住宅の資産価値も全体に向上していきます。これが好循環のスパイラルになり、住まいを買うことが豊かさにつながる社会のかたちができあがっていきます。

本当の「幸せ」というのは、こういう社会の好循環の流れの中にあるものです。**多くの新築好きな日本人は、住まいを買うことが「幸せ」のゴールだと勘違いして、「わかりやすい幸せのイメージ」を高値でつかまされているに過ぎません。**

■住まいを使い捨てる消費者が日本を停滞させる

建物の寿命を延ばし、「利用価値」を売買価格に反映させる仕組みづくりは、日本が高齢化社会になることを踏まえると、特に急務と思われます。土地が右肩上がりに値上がりする状況が見込めない中、建物が22年で価値がゼロになるようでは、所有している住まいの資産価値を利用して、老後の住み替えや生活資金の確保をすることはとてもできません。これから先、年金制度も破綻する可能性がある中で、誰が老人を養いますか？　サラリーマンが住宅ローンで所得した住まいを「資産」として活用して、一生自力で生きることができるなら、それが理想だと思いませんか？

ただ、理想に向かってなかなか進んでいないのは、所有者であるユーザー自身のせいかもしれません。新築至上主義の中で育った今の日本のユーザーは、自分の住まいの維持管理に熱心ではないことが多いです。**「どうせそのうち建物の価値はゼロになるのだから、住まいの維持費は安く抑えたい」という消費者意識が状況を停滞させているのです。**

また、そもそも新築住宅の場合、身の丈以上のローンで購入している所有者が多く、返済が精いっぱいで維持管理にお金がかけられないという実態があります。市場の環境整備と、リアルにしっかり維持管理された住宅を増やすことを同時に進めていかなければ、日本の住宅の資産価値が底上げされる好循環スパイラルに入ることは不可能なのです。

ここで、今の日本の現実をシミュレーションしておきましょう。例えば、新築で２０００万円の木造住宅を購入したとします（わかりやすくするために、土地の価値は固定された状況と設定して計算から省きます）。木造の建物が法定耐用年数の22年で価値がゼロとされる現状の住宅市場で、実際、22年後にこの住宅を売却することを考えてください。

仮に頭金を１割入れて、１８００万円の住宅ローン（期間35年、固定金利２％、元利均等返済）を利用した場合、22年経過した時点で、なんと約７６７万円もの残債が残っています。つまり、この時点で、売却したいなら約７６７万円を自己負担して銀行に返済する必要があるのです。単純に22年間で、約２５４２万円の支出（頭金２００万円＋22年間の返済総額約１５７５万円＋残債分約７６７万円）ということになります。

ここでは木造住宅でシミュレーションしましたが、新築をローンで購入するという条件なら、マンションでもほとんど同じことです（マンションについては第三章でシミュレーションしています）。今の日本の住宅市場では、ローンで購入した新築を、「資産」と考えるのは厳しいというのが現実です。**自己負担でお金を用意しないと売りたいときに売れな**

いということは、つまり、それは「負債」を背負うということですよね？

■新築神話に踊らされてしまった大衆の悲劇

日本では住まいを買うことがゴール。購入後に何が起ころうとそこから逃げることができず、場合によっては経済的に破綻してしまうこともあります。さらに、換金性の低い住まいを所有して、苦しい住宅ローンの縛りを老年期近くまで背負うことがなかば常識としてまかり通っています。しかも、やっとの思いでローンを完済した住まいは老後の資産としても機能しない。むしろ、最終的には「空き家問題」のようなかたちで社会の負債になってしまう。いかに**新築至上主義が個人の生活を貧乏にしている**か理解していただけたでしょうか？

スクラップ&ビルドを繰り返して経済を発展させる新築至上主義は、「開発途上国」によくみられる経済発展のモデルです。表面的には先進国のように振る舞う日本ですが、経済的には「開発途上国」のモデルが今なお染みついているのです。住宅の供給においてもスクラップ&ビルドを前提としているため、30年以上の使用に順応するための可変性を考慮せず、保証期間内の顧客満足やクレーム対策ばかりに注意を払うものづくりです。建物の耐久性を担保する技術力はあるとしても、所有者も住まいの資産価値を維持したいというモチベーションを持っていないし、そもそも購入時に無理をしすぎて、維持管理コストを捻出しようにも捻出できず、リノベーションして間取りやインテリアを時代に合わせるという概念もまだまだ広まっていないので、本当に30年程度で寿命を迎えてしまう（＝住めなくなる）住宅が多いのが今の日本の現状です。

■新築至上主義の終わりの始まり

ここまで、新築至上主義はユーザーに資産をつくらせないシステムで、潤っているのは不動産業界と金融機関だけという話をしました。ユーザーが住まいを維持管理することで資産価値の恩恵を受けるには、まずは日本の不動産市場において、土地だけではなく、建物の評価方法が確立されていかなければなりません。

ただし、東京都心や首都圏、地方の大都市に立地する中古マンションなら、今の段階でも、資産価値を維持管理して育てることが可能です。

金融機関が新築だけでなく中古マンション購入に関しても積極的に融資してくれるようになったため、一般の人でも中古マンションが手に入りやすくなりました。戸建てと違いマンションは土地建物を一体として近隣の取引事例によって評価をし、また建物の流通性も評価しています。つまり、築50年超のマンションにも担保評価がつくようになったということです。これでついにユーザーが住まいを資産にする時代が始まるなという予感がしました。10年ほど前から徐々にという印象ではありますが、土地建物を一体とした担保評価が認められ始めたのはとてもいい兆候です。

そもそも本当に不動産の価値をわかっている業界のプロたちは、以前から中古マンションを購入して自分で住んだり、資産として運用したりしていました。彼らは資産運用として新築を買うことはまずありません。新築に投資しても資産としてのメリットがまったくないからです。

でも、ユーザーのほうが新築をほしがっているのに、わざわざ取引の手間がかかる割に儲からない中古マンションを勧める理由がない。ということで、彼らはユーザーに新築を売った儲けで、自分たちは中古で賢く資産運用をしていたわけです。

ただし、彼らがユーザーに中古マンションを勧めなかったのは、実はニーズの問題だけではありません。融資が付きにくかったというのが最大の理由です。融資が付かなければ、元手としてまとまった現金を用意できる人以外は中古マンションは買えません。そうなると、ほとんどの購入希望者にとっては最初から選択肢になるはずもなく、勧めても意味がなかったというのが実情です。どれだけよいモノでも、「お金持ちしか買えない」モノが一般に普及することはありません。

だから、金融機関が中古マンションへの融資を出し始めたということで、当時の僕は時代の変化の始まりを感じたのです。ちょうど10年前から、建築設計事務所だった会社に不動産部門を付加し、個人のユーザーが中古マンションのリノベーションに取り組める窓口をつくったわけですが、それは、**「業者だけが利益をむさぼってきた不動産業界にユーザーが主役になる革命を起こせるぞ！」**と考えるようになったからです。

第二章　あなたが住まいを買う理由は１００％間違っている

■傾斜マンション問題にみる大手ブランド神話の崩壊

昨今、住まいに関しての日本人の考え方は少しずつ変化をしていると感じます。その発端のひとつが2015年に横浜で起こった「杭打ち偽装傾斜マンション問題」でしょう。

これは、大手デベロッパーの三井不動産レジデンシャルが手掛ける横浜市内のマンション「パークシティLaLa横浜」が傾斜し、不審に思った住民が調査を依頼したところ、マンションの杭工事を請け負った旭化成建材がデータの改ざん、工事の不具合から杭打ち偽装をしていたことが発覚した事件です。

かつては、**家を買うにあたって、「大手だから」と、デベロッパーの社名やそのブランド力で物件を選ぶ人が大半を占めていました。**そして、そんな消費者心理をわかっているからこそ、お客さんが迷っているときに、大手デベロッパーの営業マンが最後のひと押しとして必ず口にするのが、「なんといっても○○社の物件ですから」という一言。それほどまでに、日本人の大手信仰は厚いものだったわけです。でも、このような事件が頻発する昨今、「大手で有名なブランドだから安心」という神話は完全に崩れ去りつつあります。

しかも、皮肉なことに、先ほど紹介した傾斜マンションの杭工事を担当した旭化成建材は、この問題が発覚する数か月前にも別の件で注目を浴びています。それは、茨城県を襲った集中豪雨で鬼怒川が決壊したときのこと。茨城県常総市で近隣住宅がすべて流されたにもかかわらず、旭化成建材の関連会社である旭化成ホームズの戸建て注文住宅「へーベルハウス」だけは最後まで流されなかったことが話題になり、ブランド力が高まったばかりだったのです。

この一連の出来事からもわかるのは「大手だから」という理由で、その建物が本当に安全かどうかはあてにならないということ。そもそも、「大手だから」というブランド力が当てにならないのは、これまでにも世間を騒がせてきた「東洋ゴム製不適合免震ゴム問題」「三菱&鹿島の青山の億ション配管施工ミス問題」など、大手企業が絡んでいる事件を見てもわかる通りです。

この「ブランド信仰」だけでなく、**これまでに日本人が「住まいの常識」だと考えてきたことのほとんどは、不動産業界の思惑によって刷り込まれたものです**。では、いったい、どんな「住まいの常識」が洗脳によるものなのでしょうか?

本章では、日本の住まい探しにおける誤った常識を検証しながら、住まい選びをする上で絶対に覚えておいていただきたいことをお伝えしたいと思います。

■「賃貸VS持ち家」「マンションVS戸建て」「新築VS中古」に意味はない

「賃貸がいいの？　持ち家がいいの？」
「マンションがいいの？　戸建てがいいの？」
「新築がいいの？　中古がいいの？」

この3つは、不動産購入に関する本や雑誌の特集で切り口となる〝定番〟のテーマで、実際に僕のところにもお客さんからよく寄せられる質問です。

これらの二元論は、これまでにも実に多くのメディアで取り上げられ、多くの専門家によって何度となく論じられてきたテーマです。でも、よくよく見てみると、**どの回答も正確にはその問いに対して答えていない。「自分の主張に都合の悪い部分からは目を背けている」、もしくは「白黒はっきりさせない」のどちらかです。**

なぜ、こんなにも中途半端な回答ばかりになるのか。それは、この問いについて誰にでも適用できる答えなんてないからです。また、ファイナンシャルプランナーならファイナンシャルプランナーの、建築家なら建築家の、不動産業者なら不動産業者の立場での意見があり、それぞれ答えが違ってくるからかもしれません。

ただし、どの回答にもやはり穴はあるし、何より短期的な損得勘定だけに踊らされているとしか思えません。特に目先の損得に振った話の展開が多く、10年後、20年後の資産価値についての視点と、住まいの維持管理の視点が抜け落ちていることが多いため、どれも現実的な回答にはなり得ない、というのが僕の意見です。

では、なぜ、これらの話がいつも「論争」扱いになるのでしょうか？　それは〝鉄板ネタ〟だから……住まいの購入を考えているユーザーに「そろそろ家を買おうかな」と意欲を高めるために、これらの二項対立は欠かせないフレーズなのです。住宅情報誌を何年分か手に取ってみたら、おそらく同じような論争を毎年飽きずに繰り返し、同じような誌面をつくっているはずです。

同じようなネタを何度も繰り返していては、普通ならお客さんに飽きられるのではないかと思うかもしれませんが、住宅市場は1年単位でお客さんがほぼ総入れ替えになる業界です。ほとんどの人は一度買ったら、もう二度と家は買いません。不動産業界は基本的に「一見さん」で回っているので、リピーターの割合は少ないのです。毎年、新しいお客さんばかりだから、1年周期で同じネタを使っていたとしてもまったく問題がないし、そもそも答えのないテーマなので、いつまでも同じ「論争」ができるわけです。

とにかく僕が言いたいのは、**メディアであれ、専門家であれ、行政であれ、誰の言うことであっても、簡単には信用するべきではないということ。**そうやって誰かが発言した「常識」や「情報」には必ず、何かしらの意図があります。そこで、あなたが考えなければいけないのは、業界の流す情報に振り回されて、その場限りの損得勘定で動くことではなく、「どうしたら、自分らしいライフスタイルが描けて、将来にわたって資産価値が維持できる住まいを手に入れられるか」ということです。

■すべての物件情報は操作されている

「不動産を買おう」と考え始めた多くの人は、まずインターネットにアクセスして、物件情報を見ながら、自分の予算だとどんなエリアでどのくらいの広さの家が買えるのかを、吟味してみるのではないかと思います。なかには「どうしたらよりコストパフォーマンスが高い買い物ができるのか」「今の時代、損しない物件はどんなものなのか」といった、お得情報をたくさん仕入れようとする人もいるでしょう。

あなたが情報を必要とすれば、インターネットに質問したい検索キーワードを入力するだけで、すぐにいくつかの答えが出てきます。簡単です。でも、**答えを探すのが簡単であるということは、逆を言えば「答えを用意するのも簡単」であること**に気付く必要があります。その答えを、本当にあなたのための答えと判断してしまっていいのかどうか……。

実は、この判断が最も難しいところだと思います。

「答えが上位に表示されている＝信頼性のある答えだ」と思ってしまいがちですが、広告目的で上位に表示されているのか、それとも純粋に人気の記事だから上位に表示されているのか。そこにどんな意図があるのかは、検索した側の人間にはわかりません。

よくも悪くも何らかの意図があり、意見や導きたい方向があるからこそ、他人の支持を受けた答えが、検索上位になるわけです。つまり、ネットで検索上位にあるのは、正しいとか正しくないとか、あなたが求める答えだからというのは関係ありません。

そこにあるのは、ただ、一般大衆にわかりやすく、平均的な人たちが好む答えか、あるいは、その情報の発信者が何らかの意図を持って、広告を使って上位に表示する努力をしている若干煽動的な情報であることが多いでしょう。

では、情報社会でしっかり地に足がついた情報収集をするには何が必要なのか。そこには、ふたつの心構えが必要だと僕は考えています。

ひとつ目は「『それは自分のための答えなのか？』を自分のアタマで判断する力が磨かれているか」。

あともうひとつは「適切な答えを引き出せる質問を繰り返しながら必要な情報に絞り込んでいけるか」。

このふたつがないと、ネット上にたくさん氾濫するさまざまな答えに翻弄されて、本来の自分が望む方向というものを見つけられなくなってしまいます。そもそも、その答えが事実を正しく伝えてくれているか自体がわかりません。

そして、それを見抜くためには、**「適切な質問」**が必要なわけです。

ネットを使った情報収集は、自分で検索するという、一見すると「能動的っぽい行動」が先にあるため、他人の意見に左右されず、なんとなく自分で答えを見つけている気分になれます。でも、それは完全に間違いです。そこにある情報のほとんどが、他人の意見か広告の要素を含んだコンテンツです。

だから、意識して自分の価値観を自分でつくる努力をしていない人は、簡単に情報にアクセスできる利便性と引き替えに、いろいろな価値観を無批判に受け入れるクセが染みついてしまい、生き方自体を翻弄されてしまいます。**情報社会というのは、知らないうちに他人の意見の影響を受けてしまう社会であり、無意識に生きていると、簡単に自分の生き方を見失ってしまう社会ともいえるのです。**

僕のところに寄せられる住まい探しの相談も、初期段階では**「いい物件情報があったら教えてください」**とか、**「予算があまりないのですが、どうすればいいでしょうか？」**とか、**「予算をいくらかけるべきかわからないのですが？」**とか、主体性のない悩みであることが多いです。

これらの悩みを集約すると、「何を質問すれば自分の望む答えに近づけるかがわからない」ということだと思います。これは、ネットの情報収集と同じですね。つまり、住まい探しの悩みのほとんどは、**「情報社会を無意識に生きているうちに自分の生き方を見失ってしまった」**ところから来ているわけです。

■なぜ膨大な量の物件情報を「無料」で検索できるのか？

そして、そんな自分の生き方を見失っているユーザーたちの悩みに応えながら、上手に集客につなげているのが、不動産業者の提供する情報サイトです。今の時代、物件情報検索サイトはいくつもあって、どれを使えばいいのか迷ってしまうほどです。多くのものは無料で利用可能だし、情報量も豊富なので、住まいの購入を考えているユーザーにとって、非常に有益な存在に感じます。でも、これだけたくさんの物件情報検索サイトが「無料」で利用できるのはなぜか、考えてみたことはありますか？

たくさんの物件情報検索サイトが存在するその理由は、物件情報が不動産業者のある種の広告になっていて、情報を通して会社に問い合わせを引き込もうと考える不動産業者がたくさんいるからです。その不動産業者が広告費を支払って、物件情報をせっせとアップしています。こうした目的がなければ、これだけたくさんの物件情報検索サイトが無料で公開されるはずがないですよね？

あなたが無料で、莫大な量の物件情報検索サービスを利用可能なのは、その情報を提供している不動産業者の広告料のおかげ。ということは、つまり、物件情報検索サイトは広告媒体でもあるわけです。

どちらにしても住まいというのは大きな買い物です。どれだけの情報が提供されていたとしても、内見もしないで購入判断が可能なのは、プロの投資家くらいなものです。自分自身が住むために物件情報を検索しているユーザーは、絶対にその情報を提供した不動産業者に内見依頼を入れます。リアルな実体験を伴わない決断は、情報社会とはいえ無理な話です。内見依頼をもらえば、別にその物件に決まらなかったとしても、その後はいつでも営業がかけられます。ということで、不動産業者は、より問い合わせにつながりやすい物件情報を、集客目的でどんどん検索サイトにアップするのです。

そして、必ずしも掲載している物件を売りたいわけではないこともよくあります。売るのではなくて、集客目的に使うのです。例えば、誰が見ても、専有面積の数字と図面を見た段階では、「広くて安い！　ほしい！」と感じる中古マンションがあったとします。でも、実際に内見してみると、隣が工場でにおいと騒音がひどく、マンションの共用部が汚く、住人がいない部屋も目立っている……という物件だったとすると、誰も「ほしい」と思いません。仮に物件情報だけを見て「ほしい」と思った人がいたとしても、内見してがっかりするわけです。

この物件情報を広告に出しているのは集客目的だから、むしろがっかりしてもらったほうがいいのです。その場合、営業マンは、最終的に売り込みをかけたい別の物件を、抱き合わせで同時に内見してもらうようにするのです。だから、彼らは、車を使ってスムーズに内見できるように案内します。顧客心理として、期待感とのギャップでがっかりした後に見た物件は、実際よりも印象がよくなります。これが狙いです。そして、これが物件情報をより強力な「広告」として機能させるテクニックのひとつです。

■新築マンションの広告「ポエム」のお値段

「○○に住まうという品格」「深まる静謐を味わうという提案」「歴史とともに人生を紡ぐ」といった、ポエム化する新築マンションの広告がよくネット上でネタにされています。実際のマンションの品質とはまったく関係のないところで、詩的な言葉を駆使して、マンションのブランディングをする手法ですね。

そのマンションを買うことで、いかにラグジュアリーで素敵なライフスタイルが実現するのかを表現しているのでしょうが、大げさすぎて、若干滑稽な感じです。とはいえ、いかにコピーが優れていたとしても、そのイメージだけで家を買おうと判断する人はいないでしょう。ただ、購入する人たちの潜在的な満足度を高めている気はしますけど……僕としては、新築マンションのデベロッパーが、このようなポエムコピーを乱発することに対して、「リアルな価値だけでは売れないから」という裏に隠された本音も感じてしまいます。あの大げさに飾り付けられた新築マンションのモデルルームもそうですが、何かのイベントかというような、高揚感のある演出ですよね？

コピーをつくるにも、オシャレな広告をつくるにも、モデルルームをつくるにもお金はかかります。もし、仮にあなたが新築マンションを購入するとしたら、支払うお金からその一部が負担されます。つまり、あなた自身のお金であなたの購買行動をサポートしているということになりますね。

■消費税増税前に住宅を買うのは損か得か？

さて、メディアや不動産業界によって煽られる論争のなかでも、多いのが「消費税の増税前に住宅を買うのが損か得か?」というものです。

例えば、2017年4月から、8%だった消費税が10%に引き上げられます。確かに消費増税前に家を買っておけば、2%分の税金は節約できます。住まいは何千万円もする買い物なので、たった2%とはいえ、その額には数十万円の差が出るでしょう。確かに「得」かもしれません。

でも、これも、さきほどの「賃貸vs持ち家」「マンションvs戸建て」「新築vs中古」と同じ話で、損得勘定に流されて家を買うのは危険です。

まず、**こうした増税ブームに流されてしまうことの一番の弊害は、「買うまでのリミットが決められてしまう」ということ**。これにより、「消費税前に買わなくちゃ」と、みんなが焦り、またまた「物件を売りたい」という業者側のコントロールに落ちていく……。

もちろん、本当にあなたに合う家が、たまたま増税前に見つかったのならば買えばいいんです。でも、もしも増税前までにほしい家が見つからなかったら? たった数十万円の利益を得るために、本当に自分にあった家を探さず、無理やりタイムリミット前に見つけた住まいを買うんですか? それよりも、たとえ増税後だろうと、心ゆくまで自分のコンセプトに合う住まいを探したほうが、絶対に価値があります。というか、そもそも「増税前に買わなきゃ損だから」なんて理由で、住まいを購入すること自体がナンセンスすぎます。まさに損得勘定に流される消費者意識の塊です。

ちなみに、「消費税増税の前に家を買え」というのは業界のお決まり文句。消費税が3%から5%に引き上げられる前も、5%から8%に引き上げられる前も、どちらも「増税前の今が買いどき！」と煽っていました。でも、一方で、今度は消費税が上がった後は、「実は増税後のほうが需要が下がって、物件自体の価格が下がるから買いどき！」という煽りもあったのです。要は、不動産業者にとっては「いつでも買いどき」であってほしい。消費増税は、その声を上げるきっかけに過ぎないんです。

だから、**「今が買いどき！」などと無責任なことを言い、あなたを損得勘定で操作しようとする評論家たちの意見は、全部無視してください。**

そうやって、大衆が目先の損得だけで考える消費者にしておくことが、彼らにとって都合がいいだけだし、「少しでも得したい」「他人よりも損したくない」という消費者意識で近づいてくる知識のない素人こそが、営業のプロにとっては最も、自分の売りたい物件を買わせやすい人間なのですから。

■2020年五輪を控えた現在、住まいは買いどきなのか？

「今、住まいは買いどきか」論争。

断言しますが、**住まいに買いどきはありません。逆に言えば、いつでも買いどきだと言い替えることもできます。**では、「なぜ、住まいには買いどきがない」と僕が思うのかを、改めてここで詳しく説明していきたいと思います。

まず、ここ数年、東京の不動産の購入希望者は増えていて、その購買意欲は非常に高いまま推移しています。その結果、都心やその周辺地域では、新築マンションや新築戸建てはかなり高値になっており、中古マンションの価格もじわじわと上昇しつつあります。そこに、一部ユーザーの「さらに今後も不動産は上がるのではないか」という思惑が重なり、また購入希望者が増えるという循環のなかにあります。

彼らが「今後も不動産が上がるだろう」と思う理由のなかには、アベノミクスによる地価上昇の期待感や日銀の大胆な金融緩和、また、2020年に開催される東京オリンピックなど複数の根拠があるようです。ただ一方で、現在、日本は少子高齢化による人口減少や空き家問題。また、都心と郊外の間で不動産価格が二極化するなど、さまざまな問題が存在しています。

そういった問題を考えると、「社会情勢的に今、不動産は買いのモードだから」という聞こえのいい理由だけで家を買ってしまうのは、あまりにもリスクの高い行為なのではないでしょうか。

マンション購入が初めての方が、「マンションは今が買いどき」という広告や雑誌の記事を見て、一般的にいいと言われているような物件を買ってしまい、入居後、何らかの理由で売却せざるをえなくなり、想定以上に売却価格が低かったなどという声は今も昔も変わらず珍しくありません。**どんな家をいつ、どこに、いくらで、何のために買うかによってその後の人生の明暗が変わってくる可能性があるということを知っておかねばなりません。**

セミナーや個別相談を受ける前のクライアントから、

「東京オリンピックまでにマンション価格は何%くらい値上がりしますか？」

「今は買いどきですか？」

といった質問を受けたとき、僕が言える経済状況や社会状況を踏まえた最大限の答えは、

「これから資産インフレが起きる可能性が高く、２０２０年の東京オリンピック開催決定により交通他の社会インフラが整備され、都心は不動産価格が値上がりする可能性が高く、

すでにバブル的に高騰している新築マンションを除けば、まだそれほど極端に価格が高いとは言えない。また、今はさまざまな税制優遇が実施されており、史上最低の金利なので、少なくとも買い控えるべきタイミングとは言えない」といった程度のもの。

そういう相場的なことよりも、僕が考える「本当の買いどき」とは、「自分の将来の人生プランを考えて、『今家を買うべき』と判断したときに、ちょうど、きちんとした安定収入の見通しもついて、外部環境が整っていれば……」です。

このように、**世間の相場を気にすることなく、自分自身の状況を整えて、資産価値が安定して推移する住宅を探す……これが最もリスクが低い考え方です。**相場の損得勘定で考えるのは、結構リスクが高いですよね？　世の中の情報に踊らされるのではなく、あくまで「自分の価値基準にそって行動したうえで、納得する物件が見つかったとき」こそが、正しい買いどきであることを忘れないでください。

■「人気物件」はいつもねつ造されている

新築物件の販売所などでよく見かけるのが、「成約済み」を意味するバラの花が数多く飾られている成約ボード。パッと見ただけだと「この物件は人気の物件なんだろうな」「こんなに多くの人が買っているならば、間違いのない物件なんだろう」と勘違いしてしまいがちですが、これも大きな誤解です。

どのマンションも売りやすい部屋・売りにくい部屋が出てしまいます。売りやすい部屋には、何組も申し込みが重なってしまう。そういったことのないように、申し込みをいただいたお客さまをとりこぼすことなく、また、売り切るためにお客さまが同じ部屋に集中しないように誘導するために、成約ボードを活用します。もちろん本当に成約済みの部屋もありますが、ダミーもあります。特定のお客さまとのアポイント時には、バラの花の位置を入れ替えて、他の部屋を勧める営業トークを展開します。

すべては、「売りやすくする」ためのシナリオなわけです。会社で優秀とされる営業マンほど、こういうシナリオの設計が巧みです。

■仲介手数料「ゼロ円」はお得なのか？

住まいを購入するにあたって、不動産業者に支払うのが「仲介手数料」です。でも、最近はその仲介手数料をゼロ円にすると謳う業者が増えました。実際は、すべての物件でゼロ円になるわけではないのですが、可能な物件はタダにしますよという話です。

「お客様のために、当社では仲介手数料をゼロ円にします！」

そんなキャッチフレーズをみて、もし、仲介手数料がゼロ円になれば、何十万円、何百万円も安くなるからお得なはずだと、飛びついてしまうユーザーも多いです。

でも、本当に仲介手数料ゼロはお得なのでしょうか？　仲介業者は仲介手数料が主な収入源です。彼らはボランティアではありません。どこかに利益が発生する仕組みがないと仕事になりません。従業員も生活できません。つまり、利益が発生しない仕事はできるはずがないのです。

では、なぜ仲介手数料をゼロ円にできるのか。

それは売主である不動産業者から、バックマージンが発生しているからです。業者が抱える指定された物件を売りさばくことができれば、その対価報酬として、ちゃんと仲介業者にも利益が発生するシステムになっているのです。だから、彼らが積極的に紹介してくれて、仲介手数料がゼロ円になるのは、バックマージンが発生する物件だけなのです。

さて、そのバックマージンを負担しているのは誰でしょう？

実は、それはその物件を買ったあなたです。つまり、形式上は仲介手数料がゼロ円になっているわけですが、売買金額の中に、バックマージンが含まれています。売主である不動産業者も仲介業者も、ともに損をしない仕組みがつくられているのです。つまり、仲介手数料ゼロというフレーズを、ある種の広告のように使っているわけです。

よく考えてみてください。本来、住まいを購入する人が不動産業者に仲介手数料を支払うのは、「自分のために仕事をしてもらうための対価」です。それを払わないということは、その仲介業者はいったい誰のために仕事をしたのでしょうか？　当然、「お金を払わない買い手のため」ではなく、「仲介手数料分のお金を代わりに払う売主（不動産業者）の物件を売るため」に仕事をしているはずです。

買うにしても、売るにしても、何かの対価がゼロ円になるなんてことはありえない。そこには、絶対にバックマージンが存在するはずなんです。それは、どの業界でもいっしょですよね？　だから、仲介手数料ゼロ業者を利用しようという人は、まずそのカラクリを考えてみてください。自分が本来払うべきお金を払わないということは、誰かに情報をコントロールされて不利な状況ができている可能性があるということなのです。

■一戸建ては管理費・修繕積立金がないからお得というのは本当か？

一戸建てを選ぶ人のなかには、「マンションと違って、管理費・修繕費がないからお得」だと思っている人が少なからずいるようです。

たった1年しか住まないつもりであれば、管理費・修繕費がかからなくてお得なのはわかります。しかし、どんな建物だって絶対に経年劣化をしていくということを忘れてはいけません。**メンテナンス費ゼロ円で運営できる建物はこの世に存在しません。**つまり、一戸建ては「管理修繕が必要ない」わけではない。一戸建ては自己責任の世界だからこそ、月ごとに請求されることがないというだけです。むしろ、マンションのように多くの世帯で修繕費を分担することができない分、ちゃんと維持管理をして資産価値を保っていこうと考えると、マンション以上に個人の負担は大きいのです。

例えば、万が一、あなたの一戸建てが雨漏りしたとき、誰が助けてくれますか？　マンションだったら共用部については修繕積立金で賄いますが、戸建ての場合は自己責任で業者に頼んで直すことになります。仮にまとまった額の修繕費がストックされていないと悲惨なことになるでしょう。このように突発的な修繕費用、そして定期的な修繕費といったように、戸建てを良好な状態で維持管理していくのには、それなりに資金的な余力のある人でないと維持し続けていくのは難しいのではないかと考えています。

■タワーマンションが抱える最大のデメリット

昨今、都心の湾岸エリアを中心にタワーマンションが乱立しており、「タワーマンションで節税対策を」「タワーマンションは今が買いどきだ」と煽る業者やメディアはたくさんいます。が、果たしてタワーマンションは本当に買うべき住まいなのか……これについて僕はかなり疑問を感じます。

タワーマンションを選ぶ人の多くは、「施設の充実」を挙げますが、ちょっと待ってください。あなたが買うのは「住まい」ですよね？　ジムやクッキングスタジオ、サウナなど、一見付加価値と思える共用部の施設が充実していると便利だし、ちょっとしたステータスも感じてしまいます。

ただ、あなたはそれをサービスだと感じているかもしれませんが、その施設の運営費は物件購入費用や、将来的に増え続けていくと思われる管理費のなかに含まれており自己負担なわけです。決してタダなんかではないのです。

こういう目先のわかりやすい装備だけで不動産を選ぶと、必ず失敗します。だから、不動産を選ぶときには、立地や広さ、管理状態など、後でお金をいくら投じても変更できない要素に着目するべきなんです。

さらに**タワーマンションの最大のデメリットは、とにかく維持管理に非常にお金がかかるという点。新築のときは安く設定されている修繕積立金ですが、5年、10年もたてば3倍以上に膨れ上がります。**

同じ大規模修繕にしても、普通のマンションでは使わないような高層階用のゴンドラを使うなど、何をするにしても特別仕様にならざるを得ないため、どうしてもメンテナンスにお金がかかってしまいます。

そして、もし、ここで住人のなかから修繕費を滞納する人が出てくると、事態は最悪。費用不足に陥り、修繕をすべきタイミングで修繕ができないまま建物が劣化し、資産価値の目減りへとつながります。華やかな共用施設がついていて、所有欲をくすぐられるタワーマンションですが、管理維持のためのコストが大きくなれば、将来的に大きな負担となる可能性も忘れてはいけません。

■不動産業者は、「住まい探し」の便利屋さんではない

住まい探しをするときに、「わからないことは不動産業者にとりあえず聞けばいい！」と思っている人が多いです。が、ちょっと考えてみてください。不動産業者は「不動産のプロ」という印象があるかもしれませんが、果たして何のプロなんでしょうか？

物件の資産価値を評価するのは不動産鑑定士の仕事です。家を建てるのは建築業者の仕事だし、住宅ローン回りの話は、銀行やファイナンシャルプランナーが専門家です。

では、不動産業者は何のためにいるのでしょうか？　不動産業者の仕事は、物件を仲介して、契約書類をつくって、売買を締結させる。つまりは、不動産を売るプロフェッショナルです。「不動産・建築・内装・金融といった住まい全般」のプロではないんです。

だから、不動産屋は設備や内装についての知識はないし、購入の方法（現金、事業用融資、住宅ローンなど）についても、それはユーザーの問題であって、「自分で段取ってください」が基本姿勢。不動産業者は「住まい探し」の便利屋ではないのです。ただ、最初の入り口でしかない。にもかかわらず、多くの住宅購入希望者は、「僕はいくら借りられますか？」「こういう家がほしいんですが」と相談してしまいます。

アドバイスを他人に求めること自体は悪いことではありませんが、結局、住まいを選ぶのは自分です。何でもかんでも不動産業者に聞いて、そのミスリードで失敗するのはあなた自身です。そもそも、**不動産業者の営業マンを過信することはオススメできません。彼らの多くは建築の素人で、その知識はあまり当てにはなりません。はっきりいって、営業マンの多くは建物や内装、設備について、かなり勉強不足です。**

これは以前、僕のクライアントがリノベーション前提で某大手不動産会社に中古物件の内見を申し込んだときの話なのですが、「この床材は何なのか」「ここの壁は壊せるのか」「間取りはどのくらい変えられるのか」などといろいろな質問を営業マンにぶつけたところ、その営業マンからは「そういうことは買ったあとで」とか、いかにも自信なさそうな答えしか返ってこなかったそうです。

なお、その不動産業者は、「ご安心ください！　リノベーションにも対応しています」とホームページで謳っていましたが……。たまたまその担当者が問題、というわけではなく、決して珍しくない不動産会社の残念な営業マンの典型事例です。

■お得な物件情報がそのへんに転がっているわけがない！

「お得な情報があったらください」

これも不動産業界にいると、たくさんの人から挨拶のように言われる一言です。でも、この問いに対しても僕ははっきりとＮＯを突きつけたいと思います。そもそも、**あなたが期待するような「掘り出し物件」「未公開物件」っていうものは存在しません。**基本的にすべての物件は市場に出た瞬間に情報共有されますし、その物件はどの不動産会社でも扱うことが可能です。だから、**「この会社でしか扱っていない物件」というのはほぼありえません。**

じゃあ、なぜ「未公開」「掘り出し物」という言葉を業者側が使うのか。そこにあるのは、お客さんの購買欲を煽ろうとする業者側の営業戦略。要は「未公開」「掘り出し物」という言葉を使うことで、お客さんをコントロールできる、という思惑が働いているのです。「明日には決断しないと、別のお客さんに流れます」などという一言は、まさに営業の手法のひとつ。不動産業界は手数料商売なので、不動産業者側もいかに早く売り、次の客を取るかで頭がいっぱいなのです。

また、**不動産業界のお客さんは大半が一見さんです。初めて会ったお客さんに、掘り出し物のお宝物件を紹介するわけがないのです。**仮にエリアと広さの割には安価という「掘り出し物」があったとしても、だいたいは業者間で横流しされてしまいます。だから、個人の手に渡ることはまずありえません。

もし、仮にそれが「相場に比べればお買得」な物件であっても、あなた自身のライフスタイルに合わない家だったら、いくらお買得でも、買う意味はありません。

大切なのはマッチングです。だから、不動産屋さんに「お値打ち物件がほしいです」と言おうものなら、向こうが売りたい物件をガンガン持ってこられるのがオチです。しまいにはカモ認定され、営業電話や営業メールの嵐になって、逆にいい物件と悪い物件なのかの判断もつかず、情報に踊らされてしまうだけです。

■あなたの住まい探しがうまくいかないのは誰のせいか？

頭の中で希望の条件だけが膨らんでしまった人は、現実の不動産業者と接していると「夢も希望もない」という気持ちになってしまうはずです。先ほどの内見案内のシナリオ

予算が低めの人はこの物件といった、機械的な仕分けしか考えません。そういう接客を受けても気持ちが納得しないので、「どうすればいいでしょう？」という話になっていくのだと思います。

また、そこから、「不動産屋さんに相談しても自分のやりたいことを理解してもらえない」という話も出てくると思うのですが、不動産業者は形式的には宅地建物取引の専門家ではありますが、クライアントとの関係性は営業マンとしてのスタンスです。毎月のノルマが厳しい会社が多いですし、自分が売りたい物件というのが必ずあります。そのため、予算に応じて柔軟な対応をすることが立場上難しかったりもします。ヒアリングに関しても、クライアントの条件ありきで行動が始まります。判断をミスしてクレームになるリスクがあるため、クライアントの条件を超えた提案はなかなかできません。

そもそも、ノルマに縛られた身としては売りたい物件を売るほうが効率もいいため、クライアントの意図を引き出すヒアリングをして、いっしょにコンセプトを考える時間がないのです。それは、仕事のスタンスとしてある程度仕方のないことではありますが……そんな彼らに、なんとか少しでも、あなたのために行動してもらうことはできないのでしょうか？

不動産業者の営業マンがあなたのために行動してくれないのは、あなたの質問が的を射ていないからなのかもしれません。質問が的を射ていないから、営業マンが売りたい物件を売り込んでくる……それは、ある意味当たり前です。

もちろん、あなたから適切な質問を引き出すヒアリングをしてくれるのがプロの仕事だとも思いますが、あくまで彼らは営業のプロであって、コンサルタントではありません。だから、ネットの検索と同じで、検索結果の絞り込みはこちらの責任で考える必要があるのです。少なくともそう考えたほうが、後々の結果がよくなるわけですから、少し頑張って、主体性を持って取り組んでみましょう！

■「住まい探しのコンセプト」で、物件情報との出会い方が変わる

主体性を持ち、業者からあなたのためになる情報を引き出すためには、**あなたの意図がしっかり伝わる「検索キーワード」が必要です。**検索キーワードというとインターネットの中だけの世界に聞こえますので、それをリアルな物件選びに置き換えると、まず「住ま

い探しのコンセプト」をつくればいいという話になります。

僕のところに寄せられる、住まい探しの3大お悩み内容は「いい物件情報と出会う方法がわからない」、「不動産屋さんが親身になってくれない」、「予算のことをどう考えればいいかわからない」。でも、これらはすべて、「住まい探しのコンセプト」をつくることで100%解決できるのです。この話は不動産業者は教えてくれないし、家のお得な買い方を指南する本にも書かれていない、住まい探しの隠れた真実といえます。

ですから、この本で次章以降にお伝えするノウハウは、「住まい探しのコンセプト」をつくる……ということを中心に話していきます。コンセプトがなければ何も始まらないし、コンセプトがあれば情報社会のメリットを活かして知識はどんどん増えていきます。「住まい探しのコンセプト」がしっかりしていれば、不動産屋さんと話しても以前の何倍もいい情報が引き出せるようになるはずです。

第三章　「あなたの人生」を手に入れる住まい探しの方法

■あなたは、なぜ住まいを買うのですか?

あなたが住まいの購入を考えているなら、この質問について考えてみてください。大事な質問なので、ぜひノートに書き留めてほしいのです。

「あなたは、なぜ住まいを買うのですか?」

「家賃を払い続けるのがもったいないと思ったから」
「老後の安心のために」
「30歳になったし、もうすぐ結婚するから」
「子供の成長のためにちゃんと環境をつくってあげたいから」
「購入すれば資産になるから」
「賃貸の内装が安っぽくて我慢ができないから」

どうでしょう? だいたいこのような感じでしょうか? 僕が相談に乗っていて、最もよく聞くのは、「どうせ月々の家賃を払わなければいけないのなら、購入して自分のモノになったほうがいい。できれば将来の資産になればいい」という答えです。

そこで、さらに掘り下げて質問します。

「では、あなたにとって住まいが資産といえるのは、どのような状況を指していますか？」

こう聞くと、結構答えられない人もいたりします。でも、このことは実は最も大事なことです。

ここが曖昧だと、「なぜ家賃よりローンのほうがもったいなくないのか？」「どうして老後が安心になるのか？」「素敵なインテリアをどうやって維持するのか？」、そういったことに明確に答えずに気分で判断していることになりますね？　それは非常にリスクが高いです。このことの答えは人によってさまざまだと思いますが、絶対に住まいの資産価値については考えておいてください。

例えば、「20年住んだあと、当初買ったのと同程度の価格で売りたい」とか「その期間の住居費を差し引きして、次の住み替えの足しになる程度でよい」とか、望む状況設定はいろいろあって人それぞれです。

だからこそ、まずはあなたの考えを整理する必要があるのです。そのために、いつも僕はクライアントに「そもそもなぜ買うのですか？」「10年後のライフスタイルはどうなりますか？」「ローンを支払い終わったらどうなりますか？」といった質問を適宜問いかけていますが、それはそのまま、あなたの「住まい探しのコンセプト」につながります。

■そして、あなたの住まいから「あなた」がいなくなる？

「なぜ住まいを買うのですか？」の答えとして先ほど挙げた6つは、まだ漠然としているとはいえ主体性はありますよね？　ただ、まだ自分の言葉として言えていない状態という感じ……。だから、ちゃんと考えていけば、自分の価値観に到達するところまでブラッシュアップすることはできそうです。でも、例えば

「友達が家を買ったから」
「嫁に家を買ってほしいと言われたから」
「婚約者の親に家も持てない男とは結婚させられないと言われたから」

となってくると、「住まい探しっていったい何だろう？」という迷路に迷い込んでしま

いそうになりますね。「わたしはいったいどこにいるのだ？」と。

それが、他人の価値観であろうが、TVや新聞雑誌の受け売りであろうが、ネットで見かけただけの知識であろうが、または、見栄やプライド、ステータスを得たいという欲求であろうが、「きっかけ」として扱うなら何でもいいと思います。しかし、自分の意思に転化できていないまま、なんとなくの気持ちで物件の契約までいってしまうと、きっと後悔することになるはずです。

「きっかけ」は、あなたが潜在的に必要としている「何か」に気付かせてくれることであり、それ以上でも、それ以下でもありません。

その「きっかけ」を受けて、住まいを購入しようと思った自分は、住まいを所有することで何がしたいのか？　その「何か」をあなたの価値観の中でちゃんと考えて気付いておいてくださいね。

この過程をきちんと踏まないと、その「何か」の目的にかなわない資金計画になってしまったり、ただ購入することだけが目的の住まい探しになってしまったりします。そうなると、**せっかく住まいを購入しても、そこにあなたの居場所はなくなります。**

■不動産業者を訪ねる前に必ずやっておくべきこと

実際に「住まい探しのコンセプト」をつくるテクニックは、追ってお話ししますので、まずここでは、「住まい探しのコンセプト」がなぜ大切かをお伝えします。

本章の始めで質問した「あなたは、なぜ住まいを買うのですか？」について、あなたの答えが仮に「購入すれば資産になるから」だったとすれば、「購入すれば資産になるとは、あなたにとってどういう状態のことですか？」と聞かれたときに、答えられるようにするというのがコンセプトづくりです。

つまり、最初は「なんとなく……」だった住まい探しの理由が、もう1段か2段、深く掘り下げられていくことになります。**そうすることによって、「あなたが、将来、どんな人生を送りたいか」をイメージしながら、「そのためにどんな立地で、どのような広さとスペックを持つ物件をいくらの予算で購入したい」という意思が明確になっていきます。**

「住まい探しのコンセプト」がしっかりしていれば、この「立地」と「物件スペック（広さ）」と「予算」の3つのバランスが相場的にもズレのないかたちで決められるようになってきます。

相場的にズレた話をすると「ないものねだり」をする人と思われ、冷たくあしらわれて可能性を閉じられてしまうか、営業マンの売りたい物件に誘導されるのがオチです。**現実と理想のちょうどいいバランスを保った、営業マンをその気にさせる意思表示をしなければいけません。**精度の高い「住まい探しのコンセプト」があれば、このような「ズレのない意思表示」ができるようになります。「ズレのない意思表示」があれば、不動産業者を自分の力強いパートナーにすることが可能になり、彼らにとっても仕事がしやすい状況になります。つまり、「住まい探しのコンセプト」はコミュニケーションを円滑にする武器でもあるのです。

■パートナーとしてふさわしい不動産業者の見分け方

しっかりした「住まい探しのコンセプト」から出た、「ズレのない意思表示」に対して、反応が悪い、あるいは反応に違和感がある不動産業者は、やる気がないか、知識がないか、感性が鈍いか、そのどれかでしょうから、あなたのパートナーとしてふさわしくありません。あなたのパートナーに選ぶべき不動産業者、それは一言で言うと、「ヒアリング能力」

に優れている人です。

住まい探しはただの買い物ではなく、あなたの人生の一大プロジェクトです。そこは、仕事に置き換えて考えてみてください。**プロセスを前向きに共有できないパートナーとの仕事は、失敗し、後悔する可能性が高まります。ぜひほかの不動産業者をパートナーにしてください。**

また、住まい探しのパートナーを決めるにあたって、一般ユーザーにとってもうひとつ気になることがあると思います。不動産業界とユーザーの間にかなりの情報格差があるように見えるので、疑心暗鬼になっている人が多いように感じます。例えば、「この物件情報はこの業者でしか扱ってないのかな？」とか、「業者を変えたら、ある物件情報にアクセスできなくなるのではないか？」とか、どうしても不安になって、いろいろと詮索してしまいますよね？

でも、実は、どの不動産業者も共通のデータベースにアクセスができますので、扱える物件情報の量は同じと考えて差し支えありません。ですので、**どこかの業者さんに隠されたお宝情報があるのか、ないのかとか、そういうことをあまり考える必要はありません。**

業界の取引慣習として、仕入れたばかりの未公開物件で、たとえ、相場よりも価格が安いものがあったとしてもユーザーに紹介することはありません。まずは、業者間で素早く情報を交換して再販（物件を取得した不動産業者がリフォームを施し相場以上の価格で販売する）ルートに乗せます。

そうすれば、物件を紹介した業者は手間なしで仲介手数料が2倍になるという、ユーザーを無視して業者間で儲けをシェアする残念な仕組みがあるのです。

相場よりも価格が安い物件は仲介手数料も比例して安くなるので、彼らは、そういう物件はできるだけ手間をかけずに処理したくなるのです。第六章で詳しく説明しますが、このような歪んだ仲介手数料の仕組みが、不動産業界とユーザーに情報の非対称をつくっています。

僕は、このユーザーが不利になる仲介手数料の仕組みに革命を起こしたいと常々思っていますが、旧態依然の慣習で簡単ではありません。**ですので、個人が未公開のお宝物件を紹介してもらうことは、99・9％ないと考えてください。**各業者では、集客のためにあたかもお宝物件があるかのように見せているだけです。

ですから、どの業者をパートナーにしても、物件情報で有利不利はほぼないのです。であれば、「ヒアリング能力」に長けているかどうかでパートナーを決めるのが正解だと、僕は考えます。

■賃貸より購入のほうが有利になる「戦略」とは？

「あなたは、なぜ住まいを買うのですか？」の答えとしてもお話ししましたが、「家賃を払い続けるのがもったいない」と思っている人は非常に多いです。

確かにイメージとしてピンときますし、思わず納得したくなります。「家賃がもったいないから」という発想は、つまり、「賃貸」はお金が出ていくばかりで何も残らないから損で、「購入」は支払い終わったあとに何かが残るから得……という論理からきているはずですが、実は、考え方として完全に間違いです。

実際、モノが残るとか残らないというのはこの問題の本質ではなく、その期間に支払ったお金がどのような価値に向けられたか、そして、残ったモノの価値こそが重要です。ローンを組んで住まいを購入するのは、ローン期間中に毎月の支出（返済）が固定化されるというリスクを背負うことでもあります。そのリスクに見合ったリターンがあるのかどうか。これが住まいを購入するかどうかの判断として行われるべきです。

だから、まずは「賃貸」と「購入」の損得を比較することから考えるのではなく、**「あなたが未来にどんなライフスタイルを描きたいか？」ということが先にあって、それから、その未来は「賃貸」と「購入」のどちらが描きやすいかを考えるという順番が正しいです。**どちらを選択するのがよりよいかは、あなたの現在の資金の状況や、将来のビジョン、家族構成、働き方など、そういった条件を踏まえて判断されていくものです。

住まい購入を未来の豊かさにつなげる「戦略」をつくる鍵は、まず、目先の損得勘定で購入判断するのをやめて、「資産価値」に投資する意識を持つことです。そして、選んだ物件には3つの成長フェーズがあると考えて「戦略」の設計をしてください。

まず、自分の資金計画に沿って資産価値が目減りしにくい物件を「選択」するのが1つ目の**「物件選択時」フェーズ**、その価値をしっかりキープしながら物件を住みこなす時期が2つ目の**「物件育成時」フェーズ**、そして、いつかは、その物件の資産価値を社会に「還元」しなければならないときが来ると考える。これが3つ目の**「社会還元時」フェーズ**になります。終の棲家にするつもりだから売るわけではないと考えている人も、子供や子孫に残そうと考えている人も含めて、必ず最後は社会に価値を「還元」することをゴールとして設計してください。

社会に価値を「還元」することがゴールというのは、つまり、**何かあった場合の「出口戦略」をしっかり考えておくということ**です。そうしておかないと、誰も使わなくなったときに、売ろうとしても売れない、借り手も見つからない、その結果、維持管理費ばかりが出ていく、解体費もバカにならないという「負債」の家を残すことになってしまいます。

第一章でお話しした「空き家問題」もそういう話ですね。つまり、「終の棲家にするつもりだから売るわけではない」と漠然と考えて住まいを購入するから、「負債」の家が増えるのです。「賃貸」よりも「購入」のほうが有利になる「戦略」というのは、「負債」の家にしないということがまず大前提になります。

■住まい購入を失敗する確率が限りなくゼロになる3つのチェック項目

それでは、先ほどお話しした物件の成長フェーズに沿って、資産価値のチェックをするための3つの項目を紹介します。これらをすべてチェックしておけば、住まいの購入を失敗する確率は限りなくゼロになります。

□チェック1 「物件選択時」の資金計画に維持管理や再投資の余裕はあるか?

ローン期間中のリスクを軽減させるためには、不測の事態や将来のリノベーションに備えた資金を維持しておかなければいけません。大切なのはローンの支払い額だけではなく、維持管理費や税金を含めても余裕を感じるような資金計画を考えることに尽きます。

□チェック2 「物件育成時」に不測の事態が想定されているかどうか?

ローン借入期間中でも、不測の事態を想定し、ライフスタイルの変化に対応できるかどうかをシミュレーションしておくことは重要です。万が一、何かの事情で購入した住まいに住み続けられなくなったとき、その住まいを「売るのか?」あるいは、「貸すのか?」という選択を迫られることになります。それを購入する前から、想定内のこととしてプログラムしておけば、あわてず騒がず落ち着いて対応できます。

□チェック3 「社会還元時」、ローン終了とともに資産になるか?

物件の資産価値はローン終了で確定します。ローンを支払ったあとに物件が「負債」ではなく「資産」になるようにコンセプトを設計する必要があります。

それでは、ここから、「購入する物件の資産価値チェックができる3つのフェーズ」に対応して、住まいを購入する場面ですべての基礎になる「住まい探しのコンセプト」のつくり方について、実践的な話をしていきます。

■意外と知られていない住宅ローンの真実

「住まい探しのコンセプト」について説明する前に、まず、住宅ローンの大前提について説明したいと思います。これは、「資金計画」を考える上では、絶対にはずせないことなので、ぜひ覚えておいて下さいね。

意外に知られていないのですが、**住宅ローンの残債がある間は賃貸に出せません**。住宅ローンはその名のとおり自己居住用の「住まい」として住宅購入をするためのローンですから、**「賃貸」として収益を得るためのローンではない**ということ（自分が住むことが目的ではない収益物件に投資する場合には、投資用ローンの利用が必須）。

もし、住宅ローンの借入期間中に賃貸に出してしまったら、金融機関より一括返済を求められてしまいますので注意してください。万一、転勤を命じられて買った家に住み続けることができない場合には、必ず金融機関に届け出をしてください。辞令の提示によって、一定期間内であれば、賃貸に出して返済は賃料で補填するといったことも相談可能な場合もあります。


売ったり、貸したりがいつでも身軽にできるのは住宅ローンの完済後、または現金購入・相続、事業用ローン、投資用のローンで取得した場合です。同じローンでも、事業用・投資用のローンの借入期間は短期ですので、事業計画も立てやすいですし経済状況の先行きがある程度予測できます。それに引き換え住宅ローンは最長で35年の長期で借入が可能なため、多くの人が30年、35年といった長期間で利用しています。30年後の将来なんて予測できないですよね。遠い将来が不透明な状況で長期ローンを組んでいる人が、実は最もリスクが高いのです。

最もリスクが高いからこそ、自分が買う住宅の評価を客観的に見る必要があります。何も返済期間中は賃貸に出すことができないからといって、リスクヘッジを考える必要がないということではありません。

事業用・投資用ローンを利用している「身軽な人たち」は、購入した不動産がどのようなキャッシュフローを生むのか、連年の変動予測をしながらインカムゲイン（見込み家賃）を算出し、将来の売却した場合の売値について予測を立て、キャピタルゲイン（売買差益）を常に想定しながら購入しています。

こういう思考は、たとえ住宅購入であっても必須です。また、不動産自体だけでなく、借入額自体にもフォーカスしましょう。ボーナスカット、減給になった場合でも返済は可能なのかなどは、長期期間の返済の中では最悪の事態も想定する必要があります。こういったリスクヘッジのシミュレーションをしておきましょう。

もしも、こうした事態をまったく想定していなかったら、せっかく購入した住まいを維持していくことができなくなることがあります。税金や維持管理費も滞納し、最悪の場合は任意売却や競売になってしまいます。

もちろん、思ったような価格で物件を「売る」ことができれば、最悪の事態は回避できますが、そのためには、**大前提としてその売買価格はローンの残債を上回っていなければなりません。**残債をすべて銀行に支払わなければ物件を売却することができないのです。

例えば、6500万円で買った物件のローンがまだ5000万円残っていて、4000万円程度でしか売れないのだとしたら、あと1000万円足りませんね。この場合、1000万円を、あなた自身で別途用意するしかありません。1000万円をあなたが用意できなければ、このまま身動きが取れなくなります。こうやって、**何かあった場合にせっかく購入した住まいが赤字を垂れ流す「負債」になってしまうのです。**

このような状況にはまってしまうのを防ぐために、購入前に物件の資産価値を考えて、将来いったいいくらくらいで売れそうか、あるいは、仮に10年後に売却する場合に残債をクリアできるような借入れの計画になっているか、そして、万一、転勤によって賃貸に出したときにローンの返済額や維持管理費を踏まえてもお金が残るのかについてシミュレーションをしておきます。

いつでも自分の経済状況をプラスに変えてくれる物件を購入できていれば、それは「資産」と考えていいと思います。このような資金面での「出口戦略」の重要性はご理解いただけましたでしょうか？

■資産価値の目減りが少ない物件とは？

いざというときに貸せない、そして売れない、そういう住まいは「負債」と考え、逆にいつでも貸せて収益が出る、そしてすぐに売れて売買損失がない住まいは「資産」と考えます。

さらにローンの支払いが終わった時点で、支払総額と諸経費からその期間の利用価値を差し引いた金額に見合った価値以上で売却できれば、その住まいから「資産価値」を享受できたということになります。ローン期間中に万が一のときには貸して損失が出ないことを想定した住まいであれば、利用価値が支払総額と諸経費を下回ることはないので、売却額がいくらであっても利益が確定します。そういう住まいを、ローン支払い終了後にしばらく賃貸に出してから売却すれば、最終的に支払総額以上のリターンが得られる可能性もあります。3つのフェーズの最後のチェック項目「資産価値はローン終了で確定する」という、物件の「社会還元時」の話は、このような状況をつくることを想定しています。

チェック項目3を満足させる状況をつくるには、**いかに当初の「資産価値」から目減りが少ない物件を選択するか**ということが肝になってきます。そうすると、**管理状況が見えやすく推移している築30年以上の中古マンションを想定するのが一番手堅い**ことになります。

また、次ページの「物件価格とローン残高推移のイメージ図」を見ていただくとよくわかるのが、築30年以上の中古マンションは資産価値の目減りが少ないという事実とともに、新築マンションという商品は安易に長期ローンを組んで買ってはいけないリスクの高いものだということ。新築マンションのメリットは、単純に新品の状態で住めるという気持ち的なものと、耐震性能などのスペックが最新であることによる安心感。その2点くらいです。実はそれが問題にならないほど大きなデメリットとして、資産価値の目減りの早さが見えてきますね。

まず、新築物件には新築プレミアムというものがあり、必ず購入後すぐに20〜30％の価値の目減りがあります。そして、10〜20年かけて新築時の5〜6割ほどの価格に落ち着くように下がっていくのが平均的な推移です。値下がり幅が大きいほど、ローンの残債より

物件価格とローン残高推移 イメージ図

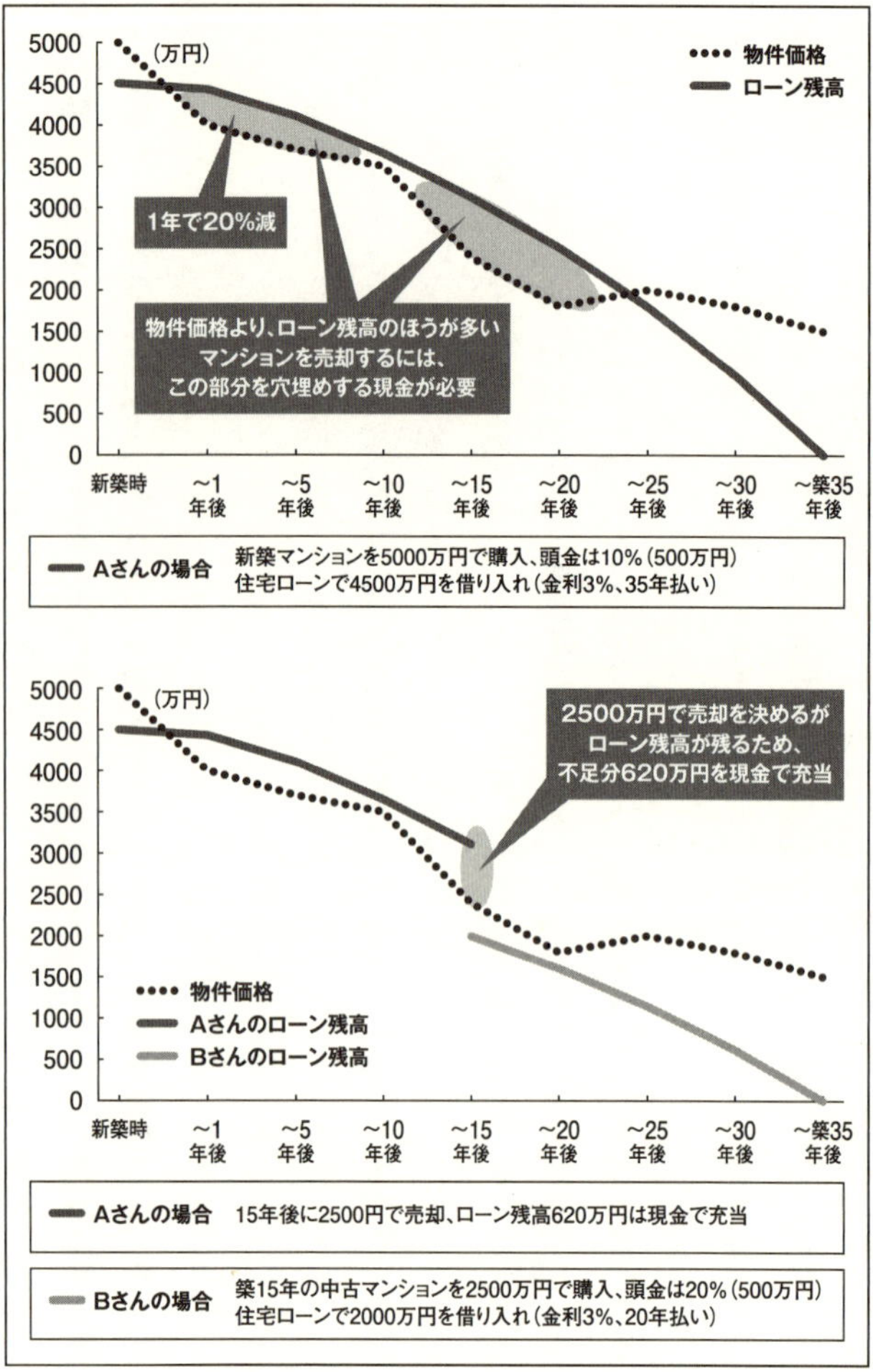

新築マンションを5000万円で購入、頭金は10%(500万円)
住宅ローンで4500万円を借り入れ(金利3%、35年払い)

15年後に2500円で売却、ローン残高620万円は現金で充当

築15年の中古マンションを2500万円で購入、頭金は20%(500万円)
住宅ローンで2000万円を借り入れ(金利3%、20年払い)

も売却可能価格が低くなるというリスクが高まります。

もし、転職や失業などでローンの支払いが厳しくなったとしても、残債が売却可能価格を上回るため、売りたくても売れない状況ができてしまいます。なぜか周辺の新築相場よりも高い価格で売りに出されている中古物件が存在するのはそのためです。そうしないと残債が残るということです。こうなると、いつか家計は破綻してしまいます。

そんなリスクの高い商品を販売している割には、新築マンションの販売手法はメリットのゴリ押しばかりで、ユーザーにデメリットが語られることはほとんどありません。客観的なデータさえ与えられません。

また、**マンションのデベロッパーが大手だから将来も保証されると考えてはいけません。**購入後のマンションの維持管理は、所有者たちで構成される管理組合の責任ということになります。つまり、責任は住み手です。あなたが、そのことに気付いた瞬間、今まで新築のメリットと考えていたことの多くがデメリットに見えてくることになります。

このグラフを参照に、資産価値の推移を現実的に考えてみてください。資産価値を重視すべきこれからの時代には、築30年以上で管理状況が安定している立地のよい中古マンションを選択して、内装を自分の好きなようにリノベーションして住むというのが、住まい購入の王道になっていくように思います。

■購入物件の「資産価値」をチェックする方法

「資産価値」のチェックでは、貸せる価値がある物件かどうかのチェックを先に行い、そのあとに、売れる価値がある物件かどうかのチェックをします。**実際に購入判断する場合の優先順位も、「貸せる価値があるか？」が上位で、「売れる価値があるか？」がその下にきます。**

なぜ、「貸せる価値があるか？」を先に考えるのかといえば、家賃の相場というのは売買の相場に比べて変動が少なく、築年数による影響も少ないため、長期的に所有する場合により安定した基準として扱いやすいからです。

ちなみにそれ以前の価値の基準として、「あなたが満足できる住まいか？」、あるいは「家族が住みやすい住まいか？」といった、自分らしい暮らしのための要素については、実際に住まいを探す際には、優先順位の最上位に置くべきだと僕は考えます。「子育ての環境がいい」とか「職場に近い」とか「緑と水に囲まれたい」とかそういった種類の、自分らしい暮らしに必要な要素についての考え方です。

いくら「資産価値が高い住まいがいい！」という希望があったとしても、自分が住むつもりで購入する住まいを、完全に「投資」と同じには考えるべきではありません。**「資産価値」に完全にフォーカスすると「投資」と同じになってしまい、世間のニーズだけに合わせることになることになります。**それであれば、投資のためのローンを組んで投資のために物件を購入したほうがいいですね。自分が毎日を過ごす住まいである以上、「自分らしい暮らし」というのが最上位である必要があるのです。

ただ、それを下で支える要素として、「貸せる価値があるか？」、「売れる価値があるか？」という2点でしっかりリスクヘッジしておく必要があり、「貸せる」→「売れる」→「ここに住みたい！」という流れになるよう、いったん我慢して考えるという発想です。**少なくとも「貸せる」という要素は絶対に満たして、可能であれば、「売れる」という要素も満たしてから次に進んでください。**

そして、いったん我慢するとはいっても、あくまでも「自分らしい暮らし」が最上位なので、「貸せる」資金計画になるようなポイントを押さえ、「貸せる」要素を利用しながら、結果的にすべてが「自分らしい暮らし」につながるための、「住まい探しのコンセプト」を練り上げるのが最終到着地点です。

言い換えれば「住まい探しのコンセプト」とは、「貸せる」、あるいは「売れる」という資産価値を、「自分らしい暮らし」につなげるための条件設定のことです。その条件設定とは、住まい探しの3大要素「予算」「立地」「広さ（+物件スペック）」のバランスが、「自分らしい暮らし」と「資産価値」をつなぐ最適なバランスになるように、資金計画とリノベーション計画を戦略的に考えることでつくられます。

ですので、まずは、「貸せる」という条件の中で、「予算」「立地」「広さ（+物件スペック）」を見ていってください。最初は、自分の夢を諦めるようで、あまりいい気分じゃないかもしれません。現実とのギャップに意気消沈してしまう方もいるかもしれません。でも、安心してください。そこから始めていっても、必ず「自分らしい暮らし」というのは見えてきます。

それよりも何よりも、ローンを組んで住まいを購入するということは、大きなリスクを抱えることでもあるのだということを忘れないでください。**住まいは買うことがゴールじ**

ゃありません。買ってからがスタートです。夢が一瞬で終わったら嫌じゃないですか？

例えば、生命保険とか、損害保険とか、人生のリスクにはしっかり保険をかけますよね？

だから、住まいの購入でも、これからの人生を楽しむために、しっかりリスクヘッジをしてください。しかも、住まいのリスクヘッジは、そのまま資産づくりにもつながります。

せっかくなので楽しんで考えていきましょう。

■その物件は「貸せる価値があるか？」

貸せる価値がある物件の定義は実にシンプルです。**家を買ったことで生じる金銭的負担の総額よりも高い家賃で貸せる物件**ということです。「家を買ったことで生じる金銭的負担の総額」とは具体的にはローンの支払い額＋固定資産税や管理費、修繕積立金などの諸経費を合わせた額。もし、これが貸せても赤字になってしまっては、いざというときにまったく頼りになりません。

計算方法を簡単に説明すると、まず、購入を検討している物件の「月々の支払い額」の確認から始めることになります。

以下は、「住まい」を購入した後に、最低限、絶対に発生する諸費用です。

○ローン返済額

特に計算式を知らなくても、金利電卓を持っていなくても、インターネットで銀行や大手不動産ポータルサイトの「資金計算シミュレーション」のページで借入予定の金額を入力すれば、月々の返済額は簡単にわかります。

相場観を養うための初期の検討段階では、ボーナス月加算にせず、元利均等、固定金利1・5〜2％で、安全側に振ってシミュレーションしておけばいいと思います。実際に購入を決断する直前のシミュレーションについては、不動産の専門家やファイナンシャルプランナーに相談しながら、いろいろな状況を踏まえて、現実的な金利設定にしたものをつくってもらえばいいですね。

○管理費・修繕積立金

マンションの規約に則って、所定の費用を所定の支払い方法によって組合へ納入します。

部屋の広さによって、負担額が変わります。築30年以上の中古マンションでシミュレーションする場合は、500〜600円／㎡で計算しておけば大きくは外れないはずです。もちろん、マンションによってはもっと安い場合も高い場合もありますので、目標の物件がある場合は、物件情報に掲載されている概要を参照してください。

○固定資産税・都市計画税

一定の評価額から割り出した税金を市区町村に毎年支払います。建物の評価額は少しずつ下がりますので、税額も下がっていきますが、土地の評価はそのときの経済状況によって変わるので、税額は増減します。

以上を合計した金額がこのエリアの家賃相場を下回れば、仮にローン期間中に不測の事態に陥ったときでも、物件を所有していることがリスクになりません。将来的にも、ローンを支払い終われば、純粋に資産として残っていく流れが見えてきますよね？

賃料相場の確認方法も難しくありません。ネット上の大手不動産ポータルサイトで検索して調べればＯＫです。「ＳＵＵＭＯ」、「ＨＯＭＥ'Ｓ」、「アットホーム」など、いくつかありますので、検索の使い勝手がいいものを使いましょう。

あなたが購入を検討している物件と広さ、最寄り駅、駅徒歩、築年数、その他の条件が同じような物件がいくらで貸しに出ているかを確認します。特に同じマンションで賃貸に出ている住戸があればより参考になります。

あと、賃料だけではなく、そのエリアの客層（入居者属性）と募集にかかる時間（周辺の空室割合やニーズの大きさなど）も知ることができれば万全です。

一度空室になった場合、次の入居者が決まるまでの期間は賃料が入ってきません。そのリスクをどの程度考えておくか。周辺相場やニーズに対して魅力的な提案ができる物件かどうかも含めて検討する必要があります。中古マンションの場合、リノベーションというのをあなた自身の住み心地のためだけに行うのではなく、こういった市場競争力を持たせることも考えながら行うという視点を入れることも、これからの時代に「資産」として住まいを所有するためには、必要になってくるでしょう。

資産価値の将来性を予測する上で参考になるデータも、この賃料相場の調査でわかりま

す。同じ検索条件で築年数の条件だけを解除して、そこに購入検討している物件の築年数に10年、20年を足した数字を入力してみてください。そこに出てきたデータを確認すれば、検討している物件が、将来いくらの家賃になるかという可能性が見えてきます。そして、その家賃でもローンや諸経費を上回っているなら、長期的にもリスクヘッジができるということがわかってきます。

この物件の10年、20年後を予測するシミュレーションを、現在新築、あるいは新築に近い物件で行ってみてください。賃料相場の急激に下落する10年、20年後のリスクがかなり高いことがわかると思います。

逆にいわゆる築古といわれる築30年の中古マンションでシミュレーションしてみると、賃料相場が安定しており、リスクがかなり低いことがわかります。このデータから、資産価値のチェック項目の3番目にあった「社会還元期（ローン終了時）」に、確実に投資費用対効果が高くなるのは、築30年以上の中古マンションに限られることもご理解いただけるかと思います。

■その物件は「売れる価値があるか?」

さて、今度は、「売れる価値があるか?」を考えてみます。**これから購入する価格と、売ったときの価格にどれほどの差が出るか**ということです。現在の日本の住宅市場では、値上がりを期待するよりも、価値の目減りの可能性が少ない、あるいは、下がったとしてもいざというときにローンの残債が残らずに売却できるかということに重きをおくことが大切です。

価値の目減りが少ない可能性を探る戦略はふたつあります。

ひとつは伝統的に価値が維持されていて人気が高いエリアに立地する物件を購入。そして、もうひとつはエリアの価値はまずまずでも築年数を経て十分に価値が下がりきって安定状態になっている物件を購入するという戦略です。

そして、結論を言ってしまうと、ここでもやはり両方の条件を満たす「都心に近い築30年以上の中古マンション」が最も目減りリスクがないことになります。

都心や都市部から少し離れるのであれば、とにかく十分に価格が下がっているかということが重要です。ですので、ここでも新築マンションや新築一戸建ては、ローンを組んで購入するのはかなりリスク。10年後、20年後に残債が残らずに売却できるシミュレーションは、かなり頭金を用意しないと難しいはずです。

確認の方法は、「貸せる価値」のチェック方法とほぼ同じで、大手不動産ポータルサイトで検索して調べればＯＫです。そこで、検討している物件の築年数に10年を足して、10年後の売却想定額を確認します。

ただ、売買の場合はサイトに掲載されているのは募集価格で、実際の成約価格と差がある場合もあります。エリアの人気、駅徒歩、募集期間、ワンルームか、高額物件かによって、値引きの可能性は変わりますが、募集価格から５～10％程マイナスしてみておくのが安全かと思います。売却する際にも仲介手数料と諸経費がかかりますので、こちらも忘れてはいけません。

そして、**こうやって調べた売却想定額が、10年後のローンの残債額を上回っていればいいということになります。**ローンの残債額がいくらになるかというのは、これも先ほどの「資金計算シミュレーション」のサイトですぐに計算できます。

ただ、この作業によってつかめるのは、あくまでもおおまかな相場観です。賃貸の相場と違って、売買の相場は景気やそのエリアの価値に左右されて大きく変動します。特に新しく開発されたエリアは落ち着くまでに数年かかるので、このような分析はあまり当てになりませんし、予測することは非常に難しいです。

そういうこともあり、「売れる価値があるか?」というのは、住まいの資産価値としては、あまり大きく期待すべきものではないといえます。ただ、万が一、10年後に何かあった場合に、残債が残らずに売れる安心感を得るために、ざっくりとローンの返済計画と併せて踏まえておけばいいと思います。

また、売買においては、相場が景気によって変動しやすいということと合わせて、広さや間取り、デザインのニーズが、時代によって変化するというのも、「売れる」予測を難しくしている原因です。

そう言われると「そんな変化しやすい市場で、どうやって資産価値を作ればいいのか」と思ってしまうかもしれませんが、逆にこれはチャンスととらえることもできます。予算設計の中で物件価格をなるべく抑え、広さや間取りの問題で人気が出ず、価格が下がった中古物件を選び、内装の改善に多くの資金を投入することで、時代のニーズに合わせることも可能です。そうやって、「売れる価値を再生する」という考え方があります。

中古物件には、「この広さしかないのに、なんでこの間取り?」という時代のニーズに合わないアンバランスな間取り設計や、インテリアのデザインの問題だけで、埋もれてしまっているものが少なからずあります。**そういった物件の「資産価値」は、再生できる可能性があります。**詳しくは次の章で解説しますが、「リノベーション」によって、「自分らしい暮らし」と「資産価値」のバランスを調整すればいいのです。

第四章　不動産業界のプロだけが実践する購入判断の流儀

■人生の「自由」はリスクヘッジによってつくられる

戦略的な住まい探しをする上で大切なことは何か。繰り返しになりますが、一番に大切なことは「自分らしい住まい探しのコンセプト」を固めることです。このコンセプトのバランスがよくないまま住まいを求めてしまうと、どうしても**「資産」としての住まいではなく「消費」する住まいを選んでしまいがちです。**

僕の周囲でも、そのバランスを考え方を間違えてしまったがゆえに、結果的に自分が納得する家探しができなかったと後悔する人は多いです。

例えば、Aさんの場合。当初は、「自分たちは一生住むつもりだから、一生のライフプランに対応する間取りが必要で、その間取りの物件が自分たちの無理しない予算で買える場所はどこか」という視点から物件選びをスタートさせていました。

つまり、Aさんが家を購入するに際して重視した点は「資産価値」ではなく、月々いくらなら無理なく返済できるかといった「資金計画」だったのです。

そして、自分たちの予算のなかから、彼らが選んだのは「子供ができても住める間取りや広さのある家」「妻の実家の近くにある家」という条件に当てはまる家でした。

Aさんは「利用価値」的な視点から物件を選んだわけです。これは、一見正解のように見えますが、問題は「資産価値」の観点が抜け落ちていたという点。

「急な転勤や子供の学校の関係などで売却を余儀なくされることになったら大丈夫か」「売らないにしても、貸すとしたら、ローンや管理費、修繕積立金、固定資産税などの合計額を上回る賃料を取れるだろうか」「万が一、賃借人がしばらく決まらなくても、数か月間ローンなどの支払いは大丈夫か」といったような、資産価値の視点は一切考えていませんでした。

その結果、Aさんは10年後にいざ家を売却しようとしたとき、なかなか希望価格で家が売れず、結局、希望販売価格を大幅に下回る金額で売却するハメになりました。

一方、「住まい探しの成功者」ともいえるBさんの場合。Bさんは、購入前の段階から「資産価値」について、非常に慎重な考え方を持っている人でした。そのため、「今後少子高齢化が進み、仮に不況が来たとしても、確実に売り抜ける、あるいは誰かに貸して収入を得ることができるような物件がほしい」と考えていました。

いろいろと吟味した結果、Bさんが提示した条件が、「山手線の内側、できれば文京区」

「駅徒歩5分以内」「60㎡」というもの。また、自身の資金計画を考えた上で、「購入価格は6000万円まで」という上限を設けていました。

確かに文京区で駅から徒歩5分圏内であれば住みたいと希望する人も多そうですし、60㎡ならシングルからファミリーまで幅広く対応できます。「この条件であれば、そう簡単に価格が落ちないだろう」という方針のもとに購入していたBさんは、購入から10年後、買値以上の金額で売却することに成功しました。

このBさんの成功は、まさに「資産価値」に重きを置いていたからであると言えます。

■住まいを資産として考えるために最も重要なこと

この事例からもわかるように、住まいを探す上で、「資産価値」は非常に大切で、そして、**資産価値を考える上で最も重要なのが「立地」です。**

実は、郊外のマンションは都心のマンションに比べ、買うときの価格は安いので、一見お得に見えることが多いのですが、さらに価格が下がる可能性が高いのです。

昨今の日本では、都市部への人口集中が進んでおり、都心に人が多く集まり、一部の例外を除き、中央から離れた郊外は人がどんどん減少しています。そして、都心及びその周辺部と郊外の間の格差が拡大している状態です。

また、都心部の中でも二極化が進んできていて、人が集まり活気に満ちて住宅価格が上昇するエリアがある一方、事務所の撤退、閉鎖、若年層の流出などから人口が減少、街が高齢化し、価格が下落しているエリアが出てきています。

立地によっては築年が古く、価格設定が高めにもかかわらず、売り出しと同時に購入希望者が殺到するマンションもあれば、築浅で表面的にはキレイで価格が低めに設定されているのに、なかなか購入希望者が現れないマンションもあったりと、その建物のスペックよりも、立地によって資産価値が決められているのが現状です。

また、東日本大震災のときに、勤務先の都心部から自宅までの距離が遠いために、帰宅が困難になった、いわゆる「帰宅難民」が発生したことも、こうした「都心に人が集中している現象」の一因になっているようにも思います。

さらに、現代の高齢化問題を考えていくと、今後どんどん増えていく定年世代が、これまでは郊外に住んでいたものの、そろそろ遠出するのも面倒なので、「買い物施設や最新設備のある医療施設がある」「どこに行くにもすぐ行ける」など、老後生活の便利さや安心を求めて利便性のよい都心部への住み替えを検討するという流れも考えられます。

それにより、**今後、ますます利便性の高い都心のマンションの資産価値は高まる一方、都心から離れた郊外のマンションほど資産価値が下がっていく可能性が高いと考えられます。「どんな場所でも土地さえ所有していれば大丈夫」と言われた時代はもう終わりました。**

家を資産と考えたいのであれば、まずは立地を最優先に考えていきましょう。

■これからの住まい購入の主役は中古マンションである

さて、ここまで何度となく住まいを購入するときは「資産価値を考えるように」と繰り返してきました。

では、資産価値を考えた上で購入すべきなのはどんな住まいなのか？　先ほども話したように、今の日本で、新築マンションの購入は合理的ではないと考えます。日本も欧米のように建物の価値を重視する時代に変わりつつあります。その流れもあって、資産価値が安定して推移する中古マンションが、これからの住まい購入では主役になっていくと僕は確信しています。その理由をまとめたいと思います。

○中古マンションは圧倒的に価格が安い
○価格が安い分、街を選んで買うことができる
○中古マンションは古い分、好立地を押さえている場合が多い

価格に関しては中古のほうが安いのは当然です。立地に関していうと、古い中古マンションほどいい土地に建てられており、交通の便や社会インフラが整備されていたり、地盤がよかったりするケースが多いです。先ほどから何度も繰り返していますが、資産価値を意識する上で、こうした好立地な物件ほど、将来的には価値は下がりにくいし、売却や賃貸に出すときも買い手や借り手がすぐ現れるはずです。

耐震性などについても、「築年数が新しいほうが最新設備が備わっていて安心できる」という人も多いかもしれませんが、単純に築年数が新しければ安心というものでもありません。新しい物件でも維持管理状態に問題があれば建物の劣化は早くなりますし、古くても管理状態がよければ耐震改修で性能を向上することができます。

また、地震リスクに関していえば、耐震性能よりも地盤が大事だと僕は考えています。地盤がしっかりしているところならば、建物の耐震基準が古くとも、そもそも揺れが少ないはず。また、自分の家だけ残ったとしても、地盤が悪く周囲が壊滅状態になってしまえば、その土地の資産価値は下がってしまうことも考えられます。

○実際に現物を見て、日当たりや眺望、風通しを確認して買うことができる
○新築物件は管理が見えないのが不安。中古物件は管理が見えるのが安心

新築物件の場合、まだつくっている最中なので「その場にまだ現物がないのに、スペックやモデルルームで判断しなければならない」という事態になり、いかにモデルルームと同じ部屋だったとしても、階数や方角が違えば日当たり、景観は、空間の大きさ、光や風の入り方などを確認する方法はありません。

また、新築マンションの最大のリスクは、今後の管理状況がまったくわからないということ。「マンションは管理で買え」と言われるほど、マンションの管理は重要なものです。築30年以上経過していれば、「そのマンションがこれまでどんな修繕を行ってきたのか」「住民がどういう意識でこのマンションに住んでいるのか」がわかります。つまり、築30年以上の中古マンションは、今後どのように資産価値が維持管理されていくか非常に予測がしやすいのです。

○築10年の物件よりも築40年の物件のほうがキレイな場合もある

マンションは新しく建てられたものほどキレイ。そう思っている人も多いかもしれませんが、実は築40年のマンションのほうが、築10年のマンションよりもキレイだったりします。なぜなら、昨今のマンションは安くて、施工しやすい、大理石調や木目調といったような、本物の素材ではない新建材が採用されているため、経年劣化していく一方で、時とともに味が出てくるということはありません。築40年超の古いマンションは、着工当時に今ほど便利なフェイク用の建材がないため、石、スチール、ガラス、無垢材といった本物の素材が多用されています。今となっては贅沢なことで、これらは磨けば磨くほど味が出て、丁寧に使いこまれた共用部は高貴な清潔感が漂っていたりします。

また、管理状況によってマンション全体の清潔感は大きく違ってきます。築10年でも管理が悪いマンションは清潔感が損なわれ、イメージも暗く、築40年のマンションのほうが清潔さを感じることはよくあります。

○中古でも新築と同じようにローンが組めるようになった

かつて、中古物件を買おうとした場合、物件価格の8割程度までしか融資してもらえませんでした。残りの2割分は自己資金でまかなう必要があったのです。つまり、「物件価格の2割分＋諸費用分＋必要であればリノベーション費用」、この分の現金を持っていないと買えない時代でした。現在では、最低でも諸費用分の自己資金があれば、物件価格の100％を貸してもらえます。また、金融機関によってはリノベーション費用も住宅ローンに組み込めるようになりました。

○中古を選ぶことで経済的な余裕ができ、人生の選択肢が広がる

中古マンションを選択した場合、新築マンションを買うよりも、経済的に余裕を持ちながら住まいを手に入れることができます。そして費用を圧縮できた分、生涯年収を何に使っていこうか考えるゆとりもできます。教育費、趣味、旅行など、人生を豊かにしてくれる要素は住まい以外にもあります。特に子供がいる家庭には是非こういったゆとりを持ってもらいたい。住まいももちろん資産だけど、教育は子供にとっての資産になります。子供部屋のためにもう一部屋分広い住まいを買うよりも、その分を教育費にかけるという選択肢もありかもしれません。こういうことを考えられる余裕を持つことで、将来の人生の選択肢が広がっていきます。

■住まい探しを絶対に失敗させない「購入判断の優先順位」とは？

住まい探しを「失敗した！」と後悔する方の原因の多くは、**「予算」を割くべき優先順位をはっきりさせていなかった**ということに尽きると僕は感じています。

住まい探しといっても、賃貸を借りるのであれば、失敗しても借り換えればいいですから、そのときの自分の気分で優先順位を決めればいい。ただ、住まいを購入するのならそうはいきません。

先に結論から言ってしまうと、予算を考える際に最も優先順位を高くするべき要素は「立地」です。ここにブレがあってはいけません。

住まい探しのはじめの一歩は、「ここに住みたい」という街の憧れから始めていく人が多いようですが、せっせと物件情報の検索をしているうちに、だんだんと広さや築年数といった物件スペックに気持ちが引っ張られてしまいます。

物件情報の検索という行為は、カタログ通販のような気分になるもので、検索すればするほど、「念のために、少しでもいいもの……」と気持ちが傾いていくもの。「念のために、少しでも部屋が多くて、少しでも広くて、少しでも新しくて……」みたいに、いわゆる「物件スペック」を条件として踏まえていくうちに、憧れの街で理想を実現するのは予算オーバーであることに気がつきます。そして、「立地」と「物件スペック」のどちらを優先すればいいのか、そのことで頭の中が混乱した結果、たいていの人は、「立地」よりも、「物件スペック」を重視するようになってしまうように思います。

しかし、間違っても、ここで**「物件スペック」を優先させてはいけません**。何度も言うようですが、日本では、住まいの資産価値の中身は「立地」の価値がほとんどすべてです。だから、「立地」を優先させたほうが、失敗が少ないですし、たとえ失敗したとしても資産価値があれば、売ったり貸したりすることが可能性として残りますから、すぐにリカバーすることが可能です。

ですので、まずは**使える「予算」と求める利便性、街の好き嫌い、資産価値の種類などを踏まえ、総合的に判断して、自分の「住むべき街」を決めることが、住まい探しに失敗しないための鉄則**です。最初の段階ですので、「住むべき街」はいくつか候補があっても

ＯＫです。また、実際の内見を繰り返すうちに戦略の変更により、「住むべき街」が変わる可能性もあると思っておいてください。

もちろん、「物件スペック」も、あなたと家族の暮らしをより豊かにする要素として非常に大切です。ただ、ローンを組んで住まいを購入する場合に、資産価値でリスクヘッジをしておかなければ、家計が経済破綻する可能性を高めます。それに、何より、どんなにスペックの高い住まいを購入しても、毎月の支払いに余裕がなければ、暮らしそのものが楽しめません。ですから、ブレてはいけません。改めて購入判断の優先順位というものをはっきりさせておきますと……

1位　「立地」から得られる資産価値でローン支払いのリスクに保険をかける

2位　「物件スペック（広さ、築年数、管理状況＆その他のスペック）」で基礎を固める

3位　「リノベーション」で基礎を補い、自分らしさと時代に合わせた付加価値を育てる

この順番で、使える「予算」を各々に割り振っていくことが肝心です。

具体的な話にすると、「予算」の都合で、広さが希望通りにならなかったとしても、郊外の駅から徒歩20分に「立地」する物件より、都心の駅から徒歩5分に「立地」する物件を選択すべきということです。それで、どうしても物件の広さに不満が残るとか、間取りが希望通りではないといった場合には、「リノベーション」によるデザインの工夫で解決策を探ることを考えるという順番です。

実は、どんなに築年数が古い物件でも、「リノベーション」を行うことで、空間の印象は多くの人が想像できるレベルを超えて向上しますし、断熱性能や遮音性能など性能面の改善や、最新設備の導入も可能です。

「リノベーション」を行えば、住まう人にとっての利用価値や快適性にかなりのインパクトが与えられます。

ただし、「リノベーション」は、後からでも、住みながらでも、段階を踏んでできる(もちろん、段取りとしては、住む前にまとめてやっておくに越したことはありません)こともありますので、**最初に投資すべき「予算」の優先順位としては、やはり「立地」→「物件スペック」→「リノベーション」**という順番になってきます。考え方としては自分の力で変えにくい順番が、そのまま「予算」割り振りの優先順位です。

ちょっと考えてみてください。「立地」の価値は、すなわち「街づくり」の価値ですから、街に住む住民や企業（もっといえば国や地方の行政の方針とかも）のチームワークと努力がなければ上げることは不可能です。

「物件スペック」は竣工時の設計から施工で規定された基本条件から、どのように維持管理されてきたかという実績を踏まえて価値が決まり、今後、管理組合のチームワークでさらなるポテンシャルが引き出されたり、引き出されなかったりします。これも「街づくり」よりはあなたの意見を反映させやすいですが、個人の力だけでは向上させられないという点で「立地」の次に貴重なものです。

そこにいくと、「リノベーション」は個人の調達できる「予算」の範囲で、かつ個人の自由意思で、自らが所有する住戸内に関して、かなり明確な価値向上に取り組むことができます（厳密に言うと、本来のリノベーションは、建物全体の維持管理も含めてのことですが、本書では、話が混乱しないように管理組合が修繕積立金などを使って取り組む大規模修繕や修繕計画と違うものとして、個人が自己所有する住戸内の利用価値改善に取り組む工事を「リノベーション」と言っています）。

自分の意思で取り組める楽しく充実した営みで、結果も出やすいことは間違いないですが、「立地」と「物件スペック」よりも、個人の力で取り組みやすいという点で、優先順位が下がることがわかると思います。

■住まいの資産価値を維持するために絶対に必要なこと

もちろん、これはあくまでも資産価値をつくるにあたっての優先順位であって、「広いキッチンがほしい」といった自分のこだわりポイントは、また別にあっても構いません。例えば、「リノベーション」で自分らしい空間をつくりたいから住まいを購入するというこだわりも、それはそれで当然ありです。自分の住まいを資産価値だけで購入するというのも逆に偏った価値観過ぎます。なぜなら、自分らしい住まいに住むことの喜びは、どう考えても、人生の充実度において絶対的価値がありますよね?

ただ、その自分らしい空間を一生の間ずっと維持していきたい、あるいは人によってはローンが終わったらその愛着ある空間を納得できる価格で売却して、さらにこだわりの住まいをつくりたいと考えることがあるかもしれません。そういった、将来のことを考えてみると、（維持し続けるにしても良い条件で売却するにしても）住まいは「資産」としても優秀でなければなりません。

そして、**その「資産」としての優秀さを保っていくためには、実は、建物の維持管理にある程度のコストをかけなければ無理**なのです。このことには、今まで何度か触れているのでご理解いただけていると思います。そのために、マンションには管理費と修繕積立金と修繕計画というものがあるのですね。

維持管理にある程度のコストをかけるモチベーションのためにも、そのための資金繰りをいい状態に保つためにも、将来の資産価値が目減りしない予測ができる条件となります。そして、その資産価値の推移を予測するためのベースになるのは、その建物の管理の実績と、「立地」するエリアの価値の安定感です。建物の管理は「物件スペック」の一部ですが、「物件スペック」と「立地」では、「立地」の価値のほうがより長い時間をかけて安定感を積み上げてきたものなので、個人の努力でも管理組合の努力でも簡単に変えられるものではありません。

■まずは、あなたが求める住まいの条件を書き出してみる

そろそろ、今の日本の不動産市場で住まいを購入するのであれば、どのように考えて物件選びをすればいいか、だんだんイメージが沸いてきたでしょうか？　イメージが湧く段階になってきたら、頭の中にあるもやもやとしたものをいったんアウトプットするタイミングだと思います。

アウトプットする内容としては、まず、現時点で思う「理想の住まい」とは何だろうというところから始めればいいと思います。「今の自分の年収だと、これくらいの物件しか買えないかな？」という制限要素から始めるのではなく、最初の段階では、「ちょっと理想の住まいすぎるな」というくらいで問題ないです。

実際、**一度は限りなく理想を殺さずに考えておかないと、最終的に上手な制限もできないんじゃないか**と思いますよ。その理想に向かって「どうやったらそれが手に入るんだろう？」と改めて自分でも考えてみてください。そうすれば、本当に可能なのか、絶対に不可能なのか。それとも工夫次第で手に入るものなのか、自分の感覚としてわかるようになるはずです。理想と現実をしっかり踏まえたその状態で、専門家のアドバイスを受ければ

完璧です。理想と現実の最高のクロスポイントは、そうやって探られていくのです。

逆に「自分にはこれくらいの物件しか買えないかな？」という制限要素から入ってしまうと、それ以上自分で考えることはしなくなります。それは、住まい探しを始めるにあたって、自分の中でのゴールが見えず思考経験も足りない状態で現場に出てしまう状態なんです。すると、宝くじに当たることを期待するのと変わらない感覚でラッキーな物件に出会えるんじゃないかという、何も知らないがゆえに他力本願で受け身な欲望が育ってきて、その結果、営業マンの営業トークや物件情報に振り回される、地に足が着かない感じになってしまいます。

だから、まずは、自分の中にあるものを「見える化」して、自分の目指すゴールをしっかり把握することから始めていきましょう。例えば、

□とにかくくつろぐための家がほしい↓それって具体的にはどういうこと？
□趣味が楽しめる空間がほしい↓それって具体的にはどんな空間？
□通勤通学をめちゃくちゃ便利にしたい↓具体的な条件は何？↓ラクさ？　時短？

□できるだけ都心に住みたい↓なぜ郊外じゃダメなの？
□環境のよい場所に住みたい↓それって具体的にはどういう場所？
□家でも仕事ができるようにしたい↓将来独立する？ or 仕事をもっと充実させたい？
□子育てのことを考えたい↓どうすればよい子育てになるの？
□人生に自由と安心を得たい↓なぜ自由を感じないの？ 安心とはどういう状態のこと？

という感じで、「具体的にはどういうこと？」とか「なぜ？」とか、自分の考えを引き出すために質問をしながら、どんどん深掘りしていってください。

この段階では他人に見せる必要はないので、メモ帳でもいいですし、ノートでもいいです。保管しておいてあとで見直せるように、ブレインストーミングみたいな感じでどんどん書いていけばいいと思います。

他人に見せないつもりで書いたほうが、「無理？」とか「わがまま？」とか、余計なことを考えないので、より自分の本音に近づけるはずです。

物件探しの段階では、そこまで必要じゃないと思えるようなことまで、どんどん広げちゃっても構いません。最初は、自分の中でのブレインストーミングですし、誰に見せるわけでもありませんので、自由にやってみてください。自由に考えることでアイデアが広がったりつながったりして、新しい可能性が見えることが結構あります。

僕は、リノベーションの設計段階に入ると、「好きな色は？」とか、「思い出として印象の深い旅行先は？」とか、クライアントさんにいろいろな質問をしますが、そういう種類のことを最初から考えてみるのも面白いです。好きなインテリアの写真を見ながら考えるというのもいいかもしれません。とにかく潜在意識を活性化させると、住まいを購入するということに関して、自分の意見ができてきます。これが「住まい探しのコンセプト」をつくる上で、後々活きてくるのです。

あと、パートナーがいらっしゃる方、夫婦で住まいを探している方は、ぜひ、二人でブレインストーミングを見せ合うこともやってみてください。最初からいっしょにつくるより、二人別々で書き出したものを見せ合ったほうが、お互いの思考に制限がかからないから面白いと思います。

実際に住まい探しの相談に乗っていても、最初から意見が完全に同じというご夫婦はまずいらっしゃいません。「えー、そんなこと考えてたの？」とお互いに顔を見合わせる光景を何度も見ます。ですので、お互いの考え方の違いを、前向きな化学変化として昇華できるよう、楽しみながらやっていただけるとよいかと思います。くれぐれも、購入を決断する直前に、「え〜、聞いてないよ〜」と違いを知って愕然ということのないように。後悔の元にもなってしまいますので。

■住まい探しは自分探しです

いかがでしょう？　結構書き出すことができましたか？　人に見せなくてもいいということですし、深掘りした派生項目を含めると１００個くらいは出てきたんじゃないでしょうか？　「50個も出ていない」という人は、せめて50個を目標に出すようにしてみてください。そうすれば、自分の考える、自分らしいライフスタイルがだんだんと「見える化」されると思います。

例えば、予算がわからないからどのくらいの「広さ」が適切なのかもわからないという場合は、自分が一番しっくりきそうな「広さ」を書いておけばいいです。できれば、その理由といっしょに書いてください。理由を書いておけば、もし予算の関係で「広さ」を諦めなければならないとき、リノベーションで解決可能かなどを検討ができるからです。

また、理由というのは必ずしもひとつではないかもしれません。そうであれば、全部書いてください。その分可能性も広がりますし、理由がたくさんあればその分、項目数も増えていきます。なので、50個なんかすぐに出てくるはずです。

あと、物件探しの段階ではそれほど必要じゃないかもしれないと思われるような「購入後にリノベーションするならこういうふうにしたい」というものも、どんどん書いていいですよ。

例えば、無垢材のフローリングを床に敷きたくて、それは濃い色よりもちょっと明るめの色のほうがいいかなとか、そういうことでもいいです。ついでに、その理由も書いておくといいですね。こういう素材の使い方なんかは、いろいろな物件を見たり、リノベーションのプランを考えていくうちに、理由は同じなのに選ぶモノの結論が変わってきたりすることもあって、あとで見直すと、結構興味深かったりします。

ただ、**ここまでのことは、あくまでも自分の価値観と向き合うために行う作業であって、この段階での「広さ」の希望を不動産営業マンに伝えて、「予算」はわからないのでできるだけ安くと言ってしまっては、「わがまま」と思われて相手にされません。**

あるいは、自分の希望エリアからかなり外れた立地の物件を紹介されて、「あなたの希望する物件はこのくらい離れないとないですよ」と、冷たくあしらわれるのがオチです。もちろん営業ですので、その後もメールなどで物件情報は送ってくれるかもしれませんが、真剣に向かい合ってくれる人はいないでしょう。

営業マンは一般的な日本人のことを「住まいの購入は投資であるという意識が薄く、『物件スペック』が希望通りでなければ買ってくれないし、消費者意識が強い」と思い込んでいます。だから、相場観をしっかり勉強していない顧客に対して、どれだけ資産として価値があろうと、希望された「物件スペック」を満たさない物件や、今後クレームや質問が多く出そうな築古の物件を、わざわざ苦労してアドバイスしながら仲介したいとは思ってくれません。パッとみて「希望通りですよね?」と言える物件を紹介して、手間なしで仕事を終わらせたいというのが本音です。消費者にはできるだけクレームを出されないように対応するのが、どの業界でも常だということです。

ですので、最終的にはここまでに書き出した要素を「住まい探しのコンセプト」として高めていかなければいけません。

■優先順位の軸を決してブレないように

あと、「住まい探しのコンセプト」をつくるにあたって、重要なことがひとつあります。それは、**最初にブレインストーミングで書き出した要素は、あくまでも「今の時点のあなた」が考える希望だということです。**あなたが、もともと住まい探しのプロであれば、ある程度、俯瞰的な広い視野で「住まい探し」が見えていると思います。でも、これはもう、どのジャンルでも同じですが、初めて挑戦することには、誰でも視野狭窄になってしまいます。つまり、ディテールに目を奪われすぎるのですね。

だから、「住まいを購入するときは資産価値のことを考えてくださいね」と話している最中に、なぜか、「キッチンに食洗機は付けられますか?」という話が差し挟まれたりします。そして、「なぜ?」と聞くと、「今、住んでいる賃貸には食洗機がなくて不便なので、せっかく購入するなら絶対に必要」と答えが返ってきたりします。

資産価値というのは、「10年後、20年後のあなたにとって大事なモノは何?」という視点です。例えば、10年後に住まいを売却することになったとして、キッチンに食洗機が付いているかどうかというのは、ほぼ売却価格に影響はありません。この話は資産価値ではなくて短期的な利用価値の話であって、10年後、20年後のあなたの資産になってくれるものではないのです。なのに、つい利便性と資産価値の優先順位をごちゃごちゃにしてしまいがちです。

住まいを購入する場面において、あなたの窓口になる専門家のほとんどは営業マンです。ディテールに目がいっている人にはディテールの話をしたほうが、よりオプションが追加できますし、それで物件自体が売れたりもします。だから「食洗機も付いていたほうが便利ですよね〜」と営業をかけてきます。もちろん、食洗機は悪くないですよ。予算に余裕があれば設置してもいいと思います。ただ、住まいを購入判断する流れの中で食洗機のことを考えてしまうと、全体の優先順位を間違いかねません。**食洗機など、ほとんどの設備は住み始めてからでも設置や交換が可能です。**いったん冷静になってくださいね。

こういった、ユーザーの優先順位の感覚をおかしくするCMとか、メディアを通じた情報が世の中にはたくさん流されています。住まい探しのように、みんながしっかり教育を受けていないジャンルでは、いわゆる情報弱者がたくさんいます。だからこそ、わざとらしいポエムでステータスを煽る新築マンションの広告とか、地震の不安を必要以上に煽る情報誌とかの影響を強く受けてしまうと「念のために」という気持ちが働いて、高額なモノやオプションが売れたりするのです。そこに、コストをかけるほどの必要性と価値がなかったとしてもです。

だから、あなたには、「住まい探しのコンセプト」をつくるプロセスで、できるだけ意識しておいてほしいのです。**「現時点のあなた」が思い描いているライフスタイルは、本当に自分のなかから出てきた価値観に沿って考えられているか**ということを。自分がプロではないジャンルでは、知らず知らずのうちに、他人や世間の価値観や煽りの影響を受けたことでも、自分の価値観と勘違いしていたりすることはよくあります。住まい探しでも例外ではありません。

■プロフェッショナルは「引き算」で考える

では、住まい探しにおいてプロの流儀とはどんなものでしょう？　**どのジャンルでもプロは引き算でものを考えます。**誰でも経験を積んだジャンルでは本質が見えてきますから、結果として求めることはシンプルになります。本質的に価値のないモノは要らないということになるのですね。不動産の世界でもやはりそうです。

プロは見栄でモノは買いません。純粋な資産価値に投資します。住まいの購入でも資産価値がないと判断したら買いません。ただ高額なモノを買って所有欲を満たすことに意味も興味も感じないからです。

また最近、２０２０年を前にして、億を超える新築マンションが即日完売しまくっているというニュースで盛り上がっていますが、まさにバブル時代にそっくりだな〜と、30年前に高校生だった僕は、非常に懐かしく感じてしまいます。

「誰が買えるの？」っていう価格のマンションがどんどん売れていく、そして、一定の水準を超えたところで一気に暴落するというブームを創り出すのが、善し悪しは別としてプロの仕事です。

その結果、**本来の価値に見合わない高騰した価格の物件を手に入れ、所有欲を満たされて喜ぶのが、後でバブルのツケを払う消費者です**。プロは、今のような時代に、マーケティングで価格が釣り上げられた新築マンションなんか絶対に買いません。

■あなたの未来の幸せは「こだわりポイント」をひとつに絞ることで見えてくる

　繰り返しになりますが、「住まい探しのコンセプト」がしっかり定まっていないと、本当の自分の価値観を見失い、いつのまにか、「あれもこれも、念のために……」と住まいに求める要素が多くなり、本質的な価値に対して投資過剰になってしまう恐れがあります。どんなに価値が安定した物件を購入しても、本質的な価値を大きく超えたオプションを付けたり、資金計画そのものに無理があれば、家計も破綻しやすくなります。そうなると、ブームに乗って新築を買った人と同じように、やはり、あなたの人生が不自由になる可能性があるのです。そうなってほしくありません。

　先述した通り、本質を理解したプロは、自分の未来とは必要のない要素に余計なコストをかけず、極限まで不要なものを削ぎ落します。しかし、**逆にプロは自分にとって必要だと思うひとつのポイントに、しっかりコストをかける傾向があります。そして、こだわりポイントをひとつに絞ることで、実は資産価値が究極に高まります。**ある種の「一点豪華主義」ですが、そのポイントが本質を突いていると、最小のコストで最大の結果を得ることにつながるわけです。

ここから、あなたの住まい探しにおいて、プロの流儀を身につける具体的な方法について話していきますが、それは要するに、**あなたの住まい探しの「こだわりポイントをたったひとつに絞る」ための方法**です。こだわりポイントをひとつに絞って、そこにできるだけコストを集中させ、他の要素は予算に応じてバランスを調整することが、結果的に最も住まいの資産価値を高めます。

やはり、住まいの購入では資産価値に注目すべきであり、常に未来のあなたのために投資する視点を持つことです。要は、「今」のあなたが希望する住まいの要望を完璧だと思わないことです。初めての住まい探しでは、どれだけ勉強したとしても、実感を伴う経験がないわけで、絶対に「あれもこれも、念のために」となってしまいます。**その「念のために」のほとんどが、未来のあなたにとって投資過剰です。**「未来」のあなたの幸せのためには、**「たったひとつのこだわりポイントに絞って投資する」**、これに尽きます。

■物件にときめく〝直観力〟を磨いてください

そうはいっても、たったひとつのこだわりポイントに絞って投資するというのは、言葉にするのは簡単ですが、実際はそんなに簡単なことではありません。だからこそ、「プロの流儀」と言えるわけです。僕も、クライアントさんと住まい探しの議論で一番白熱するのがこのポイントです。こだわりポイントが、「あれもこれも、念のために……」となってしまうと、必ず投資としては失敗しますから、最初は苦しい気持ちになると思いますが、できるだけシンプルに、ひとつのこだわりポイントに絞ってください。

むしろ、ひとつのこだわりポイントに絞ることで、結果として人生のステージがランクアップした感想を持つクライアントさんがほとんどです。

そして、あなたの住まい探しのポイントがこれなんだとわかった瞬間に、実はものすごい「ときめき」を感じます。この「ときめき」がサインです。この「ときめき」を感じた瞬間が、「住まい探しのコンセプト」づくりのゴールになるというわけです。

これは運命の物件と出会う瞬間まで、物件検索の段階から、内見を繰り返す流れの中で、**「立地」「予算」「物件スペック」のバランスを組み立てながら、実際の内見での体感を踏まえて〝直観力〟を磨くことで到達できます。**物件検索と内見をループのように繰り返しながら、必要であれば資金計画を組み直しながら、磨き上げていった末でしか到達できません。その流れの中で、「ときめき」を感じるための〝**直観力**〟**を磨く**のです。

契約を煽って急かしてくる、営業色の強い不動産会社は、情報の窓口にしないほうがいいでしょう。あなたの本当にやりたいことをあなたの中から引き出しながら、あなたの決断をサポートする情報を提供し、あなたが見えていない問題点があれば指摘し、間違いのないように導いてくれる、ある種のコーチのような存在であり、コンサルタントの視点を持った専門家をパートナーにできるのが理想です。

また、中古物件というのは一点ものです。同じ物件は市場にそのひとつしかありません。ですので、運命の物件に出会ったときは、素早い行動が必要になる瞬間があります。だから、理論的な分析と、内見して体感した経験値を踏まえた〝直観力〟が必要になるのです。損得勘定で判断し、煽られて急かされて受け身で契約するのは間違いなく失敗パターンですが、**慎重になりすぎた結果、自分の感覚を信じることができず、「不感症」のままでは運命の物件を逃すことになります。**

未来予測を自分の生きる力や行動力につなげるためには、数字の分析ももちろん大切ですが、結局のところ「直観力」を磨くしかありません。まずは、自分のビジョンや自分の価値観から導かれるコンセプトをつくり、数字で分析して成功の確率を高め、体感した経験値を踏まえて「直観力」を磨くという流れです。

ここでは、まず、先に自分のコンセプトがあって、数字を分析してコンセプトを修正していくという流れが肝心です。

確率の高いことだけをやろう、つまり、安心安全な人生を送りたいというだけの発想では、結局、何事もない人生で終わってしまう。もっと最悪なのは、過去の数字からは予測できない事態が起きて、実は全然安心安全でなかったことが後でわかったという状況に陥ったときです。そうなってしまうと、もう何も抵抗する手段がありません。なぜならアクシデントが起きるまでの人生を自分の決断でつくってないから。**そういう生き方は不測の事態にはめちゃくちゃ弱い。不測の事態でも自分らしく生き抜くサバイバル能力は、自分のコンセプトを持って生き方の判断をしている人にしか身につかないと僕は考えます。**

ただただ安心安全だけを求めておっかなびっくり無難に生きていく人生よりも、自分のコンセプトを持って自分らしく生きていくほうが楽しいと感じませんか？

そして、自分らしく生きるためには「直観力」が絶対に必要です。だから、住まい探しで「直観力」を磨く体験というのは、実際、その先の人生にもめちゃくちゃいい影響を与えてくれると確信しています。

第五章　街選び×物件選び×予算の考え方

■資産価値で考える「街」の特徴

第四章で住まい探しで最初に優先すべきは「立地」という話をしました。そこで、ここからは住まい探しにおける「立地」の考え方について話していきたいと思います。**「立地」を考える最初の一歩は、自分が「住むべき街」の選択です。**

将来の安心のために資産価値の目減りしにくい住まいを購入したい。また、長期ローンを抱えることのリスクヘッジを資産価値で担保しておきたい。ならば、**立地として選択する「街」の未来がどうなるかということは非常に重大な問題です。**「街」の価値が持続しなければ、そこに建つ住まいの資産価値も当然、持続させるのは不可能だからです。

つまり、「住むべき街」を選ぶというのは、その街の未来を買うことと同じです。もし、住みたい街の人口が急激に減少していて、間違いなく衰退することが予測されていたら、どんなに「スペック」が高い物件を購入しても住むのは不安になりますよね？　そう考えると、物件を選ぶ前にまず「街」を選ぶことが、いかに大切であるかを実感できるかと思います。

また、今はどんなに経済が活性化して活気がある街だったとしても、まだ開発中の街や、新しくできたばかりの街は、これからも価値が安定するのか、それともいつか衰退するのか、予測するのが難しいですよね？　逆に伝統的に価値が高く維持されている街であれば、その未来は予測しやすいのです。

このように、歴史の浅い街と伝統的に価値が高く維持されている街では、街の属性に違いがあると考えます。属性というのは、善し悪しの判断をするものではなく、購入する際のリスク判断の参考にするものです。

歴史的に価値が高く維持されている街では賃料相場が高めであることが多く、歴史の浅い街や価値が低く停滞している街では賃料相場が低めであることが多く、「賃貸の家賃相場」に影響します。

同時に商業的な価値があり住民の新陳代謝が激しい街と、住宅地として永住志向の人気に支えられた街といった属性の違いもあり、この属性の違いは、「売買の価格相場」に影響します。

では、今、あなたが住みたいと思っている街がどのような属性を持ったエリアなのか？

もし、そこに住むなら賃貸がいいのか、購入がいいのか？　資産価値は高めで安定しているのか、低めで安定しているのか、今は高いけど不安定なのか？　大まかな目安になるように、次ページに参考資料を作成しました。

立地する「街」の資産価値の属性を４つに仕分けしたものとお考えください。縦軸に「売買の価格相場の高低」をとり、横軸に「賃貸の家賃相場の高低」をとることで、４つに分割されたマトリクスになっています。

このマトリクスは街の善し悪しを判断するためのものではなく、各エリアで購入する際のリスクの方向性を理解し、どのような戦略で資産価値によるリスクヘッジを行うかを考えるために使ってください。

具体的な地域名は参考程度にしか提示されていませんが、基本的には、解説された文章に基づいて判断すれば、今、あなたが住みたいと思っている街についても仕分けができると思いますので、ぜひやってみてください。

売買相場と賃料相場の調べ方については、第三章の「**■購入物件の「資産価値」をチェックする方法**」を参照にしてくださいね。

資産価値のある街の分類

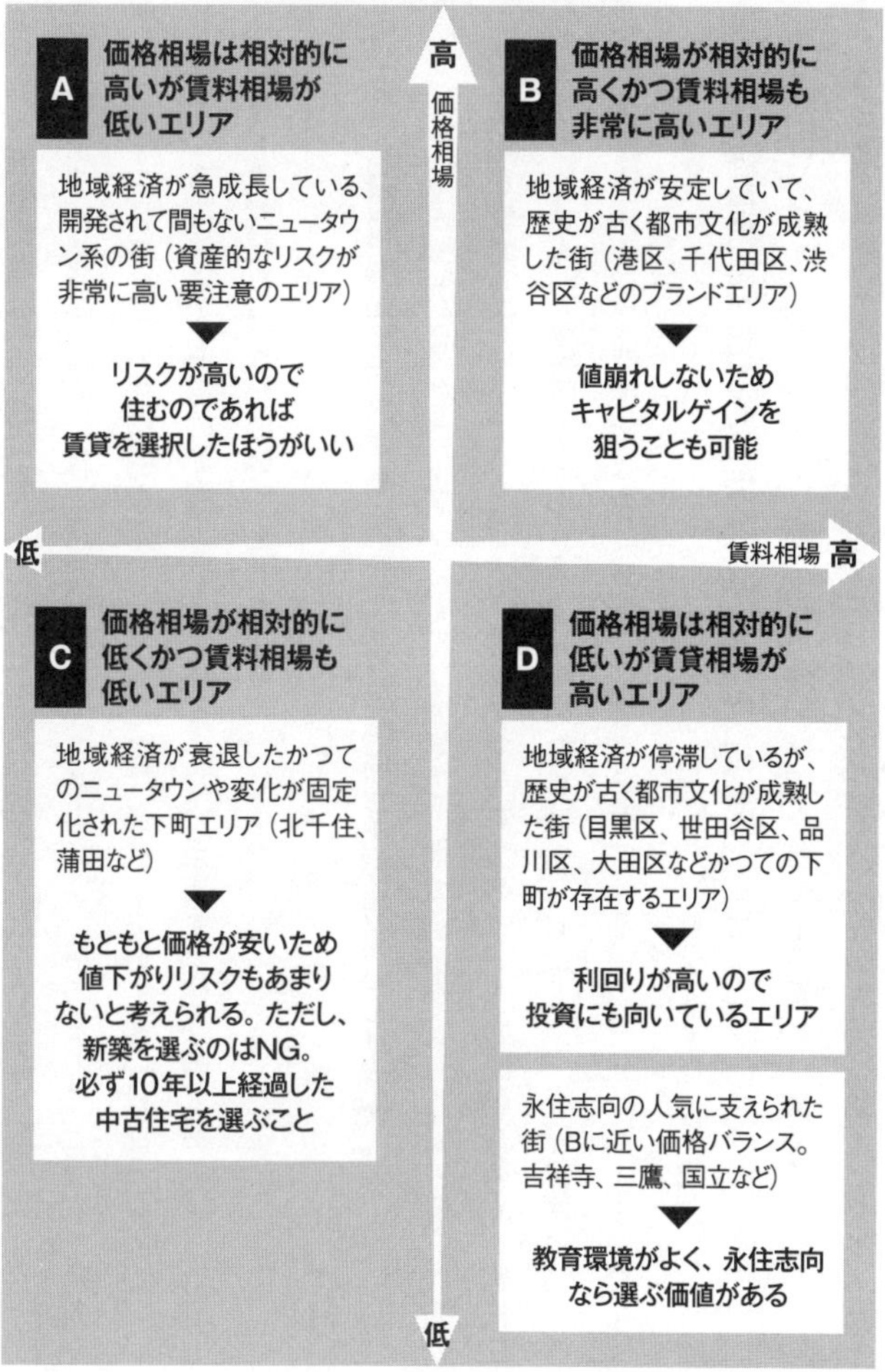
高
価格相場
低
低
賃料相場
高
A
価格相場は相対的に高いが賃料相場が低いエリア
地域経済が急成長している、開発されて間もないニュータウン系の街（資産的なリスクが非常に高い要注意のエリア）
リスクが高いので住むのであれば賃貸を選択したほうがいい
B
価格相場が相対的に高くかつ賃料相場も非常に高いエリア
地域経済が安定していて、歴史が古く都市文化が成熟した街（港区、千代田区、渋谷区などのブランドエリア）
値崩れしないためキャピタルゲインを狙うことも可能
C
価格相場が相対的に低くかつ賃料相場も低いエリア
地域経済が衰退したかつてのニュータウンや変化が固定化された下町エリア（北千住、蒲田など）
もともと価格が安いため値下がりリスクもあまりないと考えられる。ただし、新築を選ぶのはNG。必ず10年以上経過した中古住宅を選ぶこと
D
価格相場は相対的に低いが賃貸相場が高いエリア
地域経済が停滞しているが、歴史が古く都市文化が成熟した街（目黒区、世田谷区、品川区、大田区などかつての下町が存在するエリア）
利回りが高いので投資にも向いているエリア
永住志向の人気に支えられた街（Bに近い価格バランス。吉祥寺、三鷹、国立など）
教育環境がよく、永住志向なら選ぶ価値がある

【Aエリア　価格相場は相対的に高い、けれども賃料相場が低いエリア】

最近、開発されて地域経済が急成長している、ニュータウン系の街のことです。豊洲や芝浦など湾岸エリアはその典型的な例。こうした街は発展していて勢いはあるものの、いきなり失速する可能性もあるので購入リスクは高いといえます。住むのであれば、賃貸という選択肢も検討したほうがいいかもしれません。

【Bエリア　価格相場が相対的に高く、かつ賃料相場も比較的高いエリア】

港区・千代田区・渋谷区などのブランドエリアです。地域経済が安定していて、歴史が古く都市文化が成熟しています。ビジネスエリアでもあるので、人の流動も多く、常に住みたい人がたくさんいる場所でもあります。そのため値崩れしにくく、資産価値としては非常に評価が高いといえます。また、投資としてキャピタルゲインを狙うことも可能です。

【Cエリア　価格相場が相対的に低く、かつ賃料相場も低いエリア】

多摩などのかつてのニュータウン及び北千住、蒲田などの下町系エリアです。投資として考えるとあまりオススメはできませんが、もともと価格が安いので、値下がりリスクも低いため、住むことを前提にするのであれば、悪いエリアではありません。とはいっても、購入時からの値下がり幅が大きい新築は絶対にNG。買うならば、10年以上経過した中古物件がオススメです。

【Dエリア　価格相場は相対的に低い、けれども賃料相場は高いエリア】

目黒区、世田谷区などのかつての下町が点在するエリアは、地域経済自体は停滞しているため価格相場は相対的に低いですが、歴史が古くて都市文化が成熟しているため、賃料相場は高いエリアです。結果、利回りが高いので投資にも向いています。吉祥寺、三鷹、国立など、教育環境や住環境のよさから、「ここに住みたい」という永住志向の人気に支えられた街もこの属性に入ります。

もちろん、「立地」を考えるうえでは、この「街」の属性以外にも考えるべき要素はたくさんあります。

例えば、**駅から近い、コンビニやスーパーが充実している、病院や公園、学校などの住**

環境が整っているなど、利便性が高いエリアにおいては、住みたい人が多いので資産価値も上がります。

また、立地以外にも資産価値に関わる要素はあります。さすがにいくら立地がよくても当然ながら「腐った建物」というわけにはいきませんよね？　きちんと維持管理された建物であることが前提となります。

■資産価値といえば「立地」。ただし、マンションの場合は「管理」も重要

日本では、建物の価値を評価する基準が整備されていないため、どんなに管理をしっかりしてもしばらく築年数が経過するとほとんど土地の価値だけになってしまうという話を第一章でしました。特に木造一戸建ては22年でほぼ土地だけの価値で取引されます。しかし、マンションの場合は、若干、事情が変わってきます。

築30年ほど経過したマンションは、立地するエリアの価値で取引されるという話はすでにしましたが、これは一戸建てのように土地の価値だけになるというのとはちょっと違うのです。

マンションにもそれぞれの住戸に割り当てられた土地の持ち分というのがあります。例えば、同じ価値の土地に5階建て100戸のマンションと、3階建て60戸のマンションがあるとします。各住戸の面積が同じだとすると、60戸のマンションのほうがの持ち分が多くなります。ですので、資産価値も高くなる気がします。税制上にはその通りで、60戸のマンションのほうが、固定資産税や都市計画税といった税金は高くなります。しかし、実際の取引はそうはなりません。

同じエリアで、同じ面積の住戸が売りに出されていたとして、そのマンションが5階建てとか3階建てだからということが、大きく取引に影響を与えると考えられませんよね？　実際のところ、**エリアの特性以外で取引に影響を与えるのは、そのマンションの管理状況だったり、外観の雰囲気だったり、もしリノベーションされていればインテリアのよさだったりになります。**

ですので、マンションの価値を実質的に決めているのは、立地の価値と維持管理状況ということになります。**立地がよくて、キレイに維持管理されている建物だったら、「住みたい！」と思いますよね？　マンションの場合、それがそのまま市場で評価され、資産価値になります。**そうなっているのは、一戸建てと違い、マンションでは管理費と修繕積立金が積み立てられていて、維持管理するシステムがしっかり確立されているからだと思います。そこに安心感が担保されているのですね。

だから、利便性が高いエリア、人気の高いエリア、環境のいいエリアに立地する中古マンションは、築30年経っていても、比較的高値で取引されています。そして、維持管理がしっかりしていれば、ほとんど値下がりすることはありません。もしかすると日本でも欧米と同じように、土地だけでなく建物の価値をしっかり評価する基準が整ってきたら、中古マンションと新築の価格が逆転することがあるのかもしれません。

立地がいい中古マンションというのは、今の日本において個人が最もリーズナブルに、最大の資産価値を得ることができる、最高の効率を誇る住まいといえます。建物の評価が市場価格に反映されにくい日本では、一戸建てはどうしても資産価値の維持にコストがかかりすぎます。

つまり、サラリーマンがローンを組んで、その住まいを資産にしたいと考えるなら、リノベーションを踏まえて、築30年以上の中古マンションを立地重視で購入するのが最も確実ということになります。

逆にどんなに「物件スペック」が高いマンションでも、利便性の悪いエリア、人気のないエリア、環境の悪いエリアに立地して、管理状況が悪ければ、価格が大きく下落していきます。 さらに管理組合の資金繰りが悪化し、維持管理が適切にされなくなったマンションは戸建てのように建て替えも簡単にできないので、まったく出口が見つからない状況になることもあります。

余談ですが、特に設備が充実したリゾートマンションが使われなくなってくると悲惨です。設備が豪華すぎると管理費が異常に高くなります。使わないにもかかわらず、管理費が高ければ所有者の滞納が増えてきます。バブル期に建てられた湯沢のリゾート物件はその典型例で、今や、かなり荒れ放題になっているようです。一度、荒れ果ててしまえば、もうそのマンションはいくら値下げがされようが買う人はいなくなります。

今の時代に当てはめると、共用部が豪華なことで人気のタワーマンションも、人気が落ちてきたときが怖いなと思ってしまうのは、僕だけでしょうか？

ここで、実際に僕のクライアントが、中古マンションを探してリノベーションに取り組む際、どういった「住まい探しのコンセプト」を立てて選んだかがわかる事例をいくつかご紹介したいと思います。

■「ボロ物件を資産価値の高いBエリアで購入」田中佑一さん（仮名）の場合

田中さんは年収850万円、35歳男性シングル。当時、住んでいた麻布十番で住まいの購入を考えていました。職場が近く、自転車通勤が可能で、利便性も高く、商店街も充実、下町っぽさと高級住宅街の雰囲気が絶妙に絡んで、住んでいて楽しいからという理由。麻布十番はマトリックスでは【Bエリア】に該当します。

この先、結婚するかどうかはわからない。でも、今から35年ローンを組んだら完済は70歳。定年前には払い終えたいので、もうリミットかなと思うようになり、将来、家族が増えてもいいように広さは60㎡前後で考えていました。もし、この先も一人だった場合には、かなり優雅に暮らせる広さです。田中さんの住まい探しは、物件価格とリノベーション費用の合計が5500万円（上限は5800万円）、広さ60㎡前後、麻布十番を中心とした港区エリアでというスタートでした。

しかし、物件情報にあたっていくと、なかなか思うような物件がない。実は、港区は築40年超の中古物件でも、平均坪単価は坪280～300万円。つまり、広さが60㎡前後だと物件価格だけで予算がほぼ一杯。リノベーション費用分が予算オーバーになる。その現実を踏まえ、「田中さんは何を優先したい？」と改めてヒアリング。そして、物件リサーチの方向を3つに分け、それぞれに見合う物件を見に行くことにしました。

①【優先：広さと予算】予算は上げずにそのほかのエリアを検討する。
②【優先：エリア、広さ、予算】Bエリアで広さ60㎡以上、リノベーションに費用をかけずそのまま住める状態の物件を買う。
③【優先：エリア、広さ、リノベ】Bエリアで広さ60㎡以上、リノベーションをするために予算を上げる。（上限6000万円前後）

こうして客観的に並べてみると、いろいろと分析できます。「広さは本当に60㎡も必要か？」「なぜリノベーションしたいの？」「予算を上げてしまって大丈夫？」「そもそも何で買うんだっけ？」とヒアリングを重ねていき、最終的に田中さんが購入を決断したのはこんな物件でした。

場　所：Bエリア　最寄駅「表参道」駅徒歩8分
広　さ：42㎡
費　用：物件価格2700万円＋リノベ費用800万円＝3500万円（諸費用別途）
その他：築42年にもかかわらず、部屋の中は一度もリフォームされておらず、スケルトンからリノベーションすることが必須なため、物件価格が割安

当初は、ローン返済期間を35年と考えていましたが、ローンが長期だからこそ、念のため、家族が増えることを想定して、広さは60㎡以上を希望していました。しかし、田中さんが検討を重ねた結果、この「念のため保険」を思い切ってカット。広さを40㎡以上に再設定したのです。

そうして出会ったのが、相場より安めの2700万円の築古物件。トータル予算を2000万円も抑えました。そして、この**大幅な予算減額によって、将来のビジョンが以前よりクリアに見えてきたのです。**

この予算なら、頑張れば15年でローンの完済も可能。田中さんは50歳で、ローンの残債のない不動産を表参道に持っているオーナーになる。これは15年後の田中さんにとって力強いバックアップといえます。仮に5年後に結婚して、すぐに子供が生まれたとしても10年（子供が9～10歳）はそこに住めるし、その後、手狭になったらその家を貸し、その賃料収入を次の住まいの賃料に充当してもいい。売却して次の住まいの購入費に充当するという手段もあります。

Bエリアなので、売却時の価格も大きな目減りはないはず。もし、ずっとシングルだったとしても、定年よりかなり前にローン完済。それ以降の住宅費は維持費のみ（月額3～4万円ほど）なので、今まで支払っていたローン分を、そのまま老後の蓄えに当てればいいのです。**購入物件を必要最小限の広さに抑えて、将来の選択肢を増やすことに成功した典型的な例です。**

■「Cエリアの駅チカ物件を投資価値で購入」青木さん夫婦（仮名）の場合

一方で概して資産価値が低めの【Cエリア】で住宅を購入し、結果的に高利回り物件を取得したのが青木さん夫妻。青木さん夫妻は30代前半の共働き。家のことが落ち着いたら専業主婦になって、子供を授かりたいと考えていました。夫婦のコンセプトとしては、家を所有したいとか資産を得たいということよりも、家族と過ごす時間が大切で、その空間として家がある。この考えを共有し、住まい探しをスタートさせました。

当初は、住宅地として定評のある永住志向型の【Dエリア】世田谷区・杉並区を希望。広さは将来、子供ができたことを考えて65㎡以上。予算は物件価格+リノベーション費用=合計4000~4500万円（諸費用別途）、借入額は4000万円位まで+自己資金500万円といった計画でした。

ただ、ご主人の収入（年収約500万円）から、ローンの返済と、今後、専業主婦と子供の二人を扶養していくことを想定すると、借入額は多くても3200万円まで（借入額については後の項目で説明）にしたほうがいい、というアドバイスをさせていただき、予算の上限は、借入額3200万円+自己資金500万円=3700万円に変更。しかし、そうなると、ここで立ちはだかったのが予算の壁でした。

【Dエリア】もそれなりに、坪単価は高い。また住宅地だけあってファミリータイプの70

㎡以上の物件が多く、その分トータルの金額が大きくなってしまう。リノベーションを含めて3700万円では、希望するような物件がないのが現実でした。ここで、再度ヒアリングを重ねることにしました。

そもそも、なぜ【Dエリア】を選定したのか？ ご主人曰く、「将来、万が一売らなければならなくなったとき、人気エリアの方が売りやすいだろう」とのこと。リスクヘッジという名の「念のため保険」に翻弄されていたことに気付いたご夫妻は、「念のため保険」を外し、【Dエリア】にこだわらないと決断しました。

ここで、一旦コンセプトに立ち戻りました。青木さん夫妻はそもそも家族と楽しく暮らす空間がほしかったはず。「家族と楽しく」には、「無理をしない」という意味も含まれます。借入額に無理をしないで、余裕ある返済計画にしておくという考えを再確認しました。その結果のエリアの指定がなくなり、その分可能性が広がりました。そして、出会ったのが、【Cエリア】の大田区「馬込」駅から徒歩5分、55㎡、1300万円の物件。自主管理、5階、南向き、エレベーター無し、築40年……一度もリフォームされていないので、内装はすべてスケルトンにして取り替えることになります。一階に飲食店があり、管理状況も良好とは言えなかったため、初めて内見した際にスルーしかかったほどの物件。しかし、なんといっても1300万円という価格が魅力だったので、一応、見にいってみようかということになりました。

部屋に入ってみると、バルコニーの間口が広くて、南向きで眺望よし、角部屋。「これならエレベーターなしという条件や一階の飲食店といったネガティブな要素もトレードオフができるのでは？」とご主人。

部屋は汚くとも、リノベーションすれば問題は解決可能。何よりも借入額の負担が大きく減るということで、真剣に検討を始めました。この物件だった場合の資金計画は次のようになります。

費　用：物件価格1300万円＋リノベ費用600万円＝合計1900万円
（諸費用別途）
借入額：1500万円

当初の予算に比べ、借入額が半分以下。これなら35年ローンではなく、頑張れば10〜15

年で完済できてしまう。計算すると、40歳前半にしてローン残債のない不動産を所有することになります。

ローン返済中は家族との暮らしを楽しみ、ローン完済後には賃貸に出して利益を得るという計画です。賃料は下限で見ても10万円で貸せるでしょう。もう少し広い家を借りて、家賃収入を賃料にあててもいいし、または40歳台であれば二軒目の購入も可能です。家のローンに賃料を充当することもできます。

こういった計画が見えてきたので、一般的には気になる要素（維持管理が良好とはいえない、55㎡は希望条件より若干狭い、1階に飲食店が入っている）も受け入れられると、青木さんは購入の決断をされました。

この事例からわかるように【Bエリア】や【Dエリア】のような資産価値が高く安定したエリアに家を買っておくのは確かに安心ですが、資産価値が低めの【Cエリア】であっても資産形成は可能です。大切なのはあなたの予算に合わせてどういったシナリオが描けるか。そのためには自分の予算を知り、コンセプトを明確にしておくことが大切です。

■「予算」の話。あなたは住まいにいくらかけますか？

「予算をいくらにすればよいのかわかりません……」というご相談はとても多いですね。予算と費用は下記のように整理するとわかりやすいと思います。

予算（借入額＋自己資金）＝費用（物件購入費＋リノベーション費＋諸経費）

まずは、住宅購入費に当てられる現金がいくらなのか、金融機関からいくら借りるのかを検討し、そのトータルが予算となります。一方、費用面としては、物件購入費・（必要な場合は）リノベーション費・諸経費と振り分けていきます。この中でわかりにくいのが、「借入額をいくらにしたらいいか？」ですよね？　借入額を決める際の考え方について、3ステップでお伝えします。

ステップ1　**いくらまで借りられるか？**

ステップ2　**いくらなら払えるか？**

ステップ3　そして、いくらかけるのか？

ステップ1　いくらまで借りられるか？

まずは次ページのローン借入限度額早見表を参照ください。この表は年収別の借入可能額がひと目でわかるようになっています。年収に対して借入額の負担の大きさをパーセンテージで表しています。パーセンテージが大きいほうが、返済の負担が大きいということです。これを返済比率といいます。

早見表の金利4％というのは、金融機関側で審査をするにあたり、試算するための金利で「審査金利」といいます。実際に適用される金利ではありません。審査金利は金融機関によっても基準が違うので、ここでは一番高い基準の4％で作成しています。

返済比率40％ということは、年間ローンの返済額の合計が年収の40％を占めるということです。金融機関によっては、この金額まで貸してくれます。

もちろん、ここまで借りてしまうと、返済がとても大変になってしまうのでオススメはしません。ただ、限度額と返済負担率を知っておかないと、自分が借りようとしている借入額の負担がどの程度なのか、比較ができないと思うので早見表で確認してみてください。

ローン借入限度額早見表

35年返済　金利4%で算出

年収	25%	30%	35%	40%
400万	1,882	2,258	2,635	3,011
500万	2,352	2,823	3,294	3,764
600万	2,823	3,388	3,953	4,517
700万	3,294	3,953	4,611	5,270
800万	3,764	4,517	5,270	6,023
900万	4,235	5,082	5,929	6,776
1,000万	4,705	5,647	6,588	7,529
1,100万	5,176	6,211	7,247	8,282
1,200万	5,647	6,776	7,906	9,035
1,300万	6,117	7,341	8,564	9,788
1,400万	6,588	7,906	9,223	10,541
1,500万	7,058	8,470	9,882	11,294

30年返済　金利4%で算出

年収	25%	30%	35%	40%
400万	1,745	2,094	2,443	2,792
500万	2,181	2,618	3,054	3,491
600万	2,618	3,142	3,665	4,189
700万	3,054	3,665	4,276	4,887
800万	3,491	4,189	4,887	5,585
900万	3,927	4,713	5,498	6,284
1,000万	4,363	5,236	6,109	6,982
1,100万	4,800	5,760	6,720	7,680
1,200万	5,236	6,284	7,331	8,378
1,300万	5,673	6,807	7,942	9,076
1,400万	6,109	7,331	8,553	9,775
1,500万	6,545	7,855	9,164	10,473

25年返済　金利4%で算出

年収	25%	30%	35%	40%
400万	1,578	1,894	2,210	2,526
500万	1,973	2,368	2,763	3,157
600万	2,368	2,841	3,315	3,789
700万	2,763	3,315	3,868	4,420
800万	3,157	3,789	4,420	5,052
900万	3,552	4,262	4,973	5,683
1,000万	3,947	4,736	5,526	6,315
1,100万	4,341	5,210	6,078	6,947
1,200万	4,736	5,683	6,631	7,578
1,300万	5,131	6,157	7,183	8,210
1,400万	5,526	6,631	7,736	8,841
1,500万	5,920	7,104	8,289	9,473

20年返済　金利4%で算出

年収	25%	30%	35%	40%
400万	1,375	1,650	1,925	2,200
500万	1,719	2,063	2,406	2,750
600万	2,063	2,475	2,888	3,300
700万	2,406	2,888	3,369	3,851
800万	2,750	3,300	3,851	4,401
900万	3,094	3,713	4,332	4,951
1,000万	3,438	4,126	4,813	5,501
1,100万	3,782	4,538	5,295	6,051
1,200万	4,126	4,951	5,776	6,601
1,300万	4,469	5,363	6,257	7,151
1,400万	4,813	5,776	6,739	7,702
1,500万	5,157	6,189	7,220	8,252

単位：万円

先ほどの事例でお話しした青木さんのケースでは、ご主人の年収が５００万円なので、返済比率40％でみると借入限度額は３７６０万円となります。当初、借入額４０００万円と仰っていたのは、奥様の収入も合算した上で計算されたそうですが。こうして負担率を見ると、明らかにオーバーしているのがわかります。奥さんが専業主婦になれば、ご主人ひとりだけの収入で返していけるのが基本です。そのため、多めにみても35％程度の３２００万円くらいが上限だろうというお話しをさせていただきました。

ステップ2　いくらなら払えるか？

貸してもらえる金額ではなく、毎月無理なく返せる金額から借入額を割り出します。例えば、毎月12万円までなら無理なく返せるので、住宅費は月々12万円までにしておきたいとします。その場合は、ローンの返済額＋維持費（管理費修繕積立金や税金など）＝12万円。12万円全額がローン返済金額とすると、それに維持費を足すことになるので、予定よりも負担は大きくなってしまいます。忘れずに維持費も入れて計算してください。仮に維持費の合計が３万円だとすると、ローン返済額は９万円までに抑えることになります。毎月の返済を９万円としたい場合、借入額はいくらになるか計算してみましょう。35年返済、金利1・5％（全期間一律とした場合）で計算すると、無理なく返せる借入額は2940万円ということになります。

ステップ3 そしていくらかけるのか？

これまでのステップ1、2の金額を踏まえて、あなたが住まいに対していくらかけるべきなのかを考えます。自分がこれから得るであろう生涯年収のうち、住宅費をいくらにするべきか、ほかの項目も合わせて振り分けてみてください。今までと違った視点が見えてきて、リアルな数字が見えてくるかもしれません。

例えば、前述の青木さんの場合で考えてみると、31歳年収500万円。定年まであと34年。残り34年間の平均年収が700万円だったとした場合、これから得られる生涯年収は2億3800万円。これを住宅費、生活費、養育費、保険料、投資、預金、老後の資金、税金、趣味などに振り分けていきます。この生涯年収のうち、住宅費をいくらまでにしておきたいのかを自問自答します。ここに正解はありません。あなたの人生の目的や価値観によって振り分けていきます。

ちなみに3000万円を金利2％固定、35年間借りた場合の返済総額は4174万円になります。持家の維持費を月額3万円とした場合には、31～90歳までに支払うとすると59年間で2124万円。購入時の諸経費、頭金、家具、火災保険など合算すると、住宅費は約7000万円ほどかかる計算になります。2億3800万円のうち3割弱が住宅費になる計算ですね。これを多いとみるか少ないとみるかはあなた次第です。

青木さんの実際のケースではどうだったでしょう。青木さんは、この生涯年収を踏まえたときに、住宅費に、こんなにお金をかけたくないと思ったそうです。なんとか2割程度に抑えられないか……そんなタイミングで馬込の物件に出会いました。

費　用：物件価格1300万円＋リノベ費用600万円
予　算：借入額1500万円＋自己資金400万円

借入額が1500万円となったので返済期間を20年短縮しました。この場合の返済総額は1737万円（金利1・5％で計算）。毎月の維持費は3万円、59年間で2124万円、購入時の諸経費200万円、自己資金400万円、火災保険48万円、家具などのトータルで約4600万円。2億3800万円の2割弱までに抑えることになりました。

青木さんや田中さんの例を見ておわかりのように、借入可能額の限界をそのまま予算にする必要はありません。借りられるからといって、安易にその金額を予算にしてしまうと、その後の人生設計に大きな負担をかけてしまいます。そうならないためにも、しっかりとプランニングをしてみてください。

■変動金利と固定金利どちらを選べばいいの？

「ローンを組むにあたって、金利は変動がいいの？　それとも固定がいいの？」

この質問もよく受けるのですが、**結論から言うと「不動産に買いどきはない」という話と同じで、金利に関しても「どちらがいい」という明確な答えはありません。**

ちなみにミックス返済といって、半分を固定金利、半分を変動金利といった返済方法あります。以前、ファイナンシャルプランナーの方でミックス返済を選んでリスク対策をした方がいましたが、5年経ってみて、「今のこの低金利だったら、すべて変動金利にしておけばよかった」と後悔していました。でも、これも結果論でしかありません。金利が上がっていたら、全額固定金利にしておけばよかったと、また同じ後悔をするでしょう。いずれにしてもそのときの経済状況をふまえて予測し、最善を尽くすしかないのです。

金利の変動の目安は、日銀の長・短期プライムレートを参考にしてみるといいでしょう。変動金利は「短期プライムレート」、固定金利は「長期プライムレート」が基準になります。変動金利は、変動するといってもリーマンショック以降の2009年1月からずっと1・475％と変わっていません（この短期プライムレートに1％を足した2・475％が大手都市銀行が表示している変動金利です）。

日本の今の経済状況だけを見た場合に、金利が上がる要素は少ないように思います。オリンピック特需といっても、全体の収入が上がらずに金利だけが上がってしまった場合に返済不能になる人が続出するのではないかと懸念されます。

そうなると、日本のバブル崩壊後の住専問題、アメリカのサブプライムローンと同じように、不良債権が増え、日本の経済が破綻します。金利を上げてしまうと買え控えが起こり、経済も活性化しづらくなること、消費税増税などを考えてもまだしばらくは低金利が続くのではないかと考えます。

■中古マンション購入において、頭金はゼロでもいい？

頭金ゼロでも買えなくもありません。ただし、頭金がないと取引条件が不利になることもありますし、買える物件が限られてしまうので。頭金は最低でも、物件価格の4～10％程度をご用意いただくのがベターだと思います。

新築マンションの折り込みチラシで、「頭金ゼロ」とか「頭金10万円！」と謳っているものを見かけます。新築の場合、物件を持っているのは不動産業者で、物件を販売することで利益を得ています。ですので、物件さえ買ってくれるのであれば、頭金が一銭もなくても買主さんを断ったりはしません。

中古の取引になると、取引の相手はあなたと同じように、売るのが初めての一般ユーザーである場合が多いです。つまり、事業として物件を販売し、利益を得ているわけではありません。取引の相手として信頼に足る相手か？　売主があなたと取引しようと決断をする際には、そういう部分もみられます。「買いたいけど今は一銭もありません」では、残念ながら、なかなか相手にはしてもらえません。

物件を買う手続きには「売買契約」を売主・買主双方で交わします。契約時には「手付金」を売主さんに支払うことで契約完了です（この手付金は売買代金に充当されます）。この手付金の額がそのまま違約した場合のペナルティーの額になります。

不動産取引は大きな金額ですし、当事者のライフプランに大きく影響しますので、ペナルティーなくして契約は取り交わせません。またその額が低すぎても意味がないため、最低でも100万円前後、または物件価格の5％超が手付金の目安となっています。

また、「借入をする場合も頭金が一銭もないけど住まいはほしい」といった状況では、ちゃんと返済してもらえるか、金融機関は不安になります。審査も厳しくなりますし、「優遇金利」という、実際に適用される金利が安くなる優遇措置がほぼ受けられないということにもなりますので、頭金はしっかりと用意してください。

■中古マンション価格の〝値引き〟は可能なのか？

中古マンションを表示価格よりも安く買うことはできるのか？　気になる方も多いと思います。結論から言えば、値引き交渉は可能です。ただし、注意してほしいのは、この場合、〝値切る〟という強気な消費者感覚で交渉してはダメだということ。

中古マンションは、売主の思いが詰まった「一点モノ」です。普通の商売感覚にはない「感情」というものも入り混じることもしばしば。物件を見学にきた方とフィーリングが合って、「あの人に買ってもらえたらいいな」という気持ちも当然ながら湧いてしまうのも事実です。相手にも生きた感情があるということを踏まえておく必要があります。

値引き交渉をする前に、値引きしてもらったら本当に買うのかは、ぜひとも共有しておくべきたいことです。交渉だけしておいてやっぱり買いませんでは、説得力ありませんし、本気度が相手にも伝わってしまいます。

「買う気はあり！」「ローンの事前審査もＯＫ！」「契約もこの日ならＯＫ！」というようように、こちらのやる気をみせることで売主さんもその気で考えてくれます。そこまで下準備しておくと説得力があります。その意気込みは、直接会えなくとも伝わるのです。交渉する側としては以上のような心構えがあると、よい印象を与えることができます。

あとは売主の事情次第です。相続、住み替え、資産処分といったところだと思いますが、担保がまだ残っている場合だと、残債がクリアできる金額というのがありますし、その後の暮らしの費用も必要なため、ある程度のラインで線引きはしていると思います。

また、売り急いでいる場合には売主も譲歩して、契約しようという力が働きますが、特にいつ売れても構わないと長期戦で構えていられると、値引き交渉は難しい場合もあります。どうしても金額交渉したいとお考えであれば、当たって砕けろの精神で取り組んでみる価値はあると思います。ただ、ほかの人に取られてしまうか心配という思いが強い場合は、値引き交渉はせず、お互い気持ちよく満額で取引してもいいのではないでしょうか。

■「リノベーション×中古マンション」で物件を資産にする

これからの時代は、住まいを所有して、それが何の戦略もなしに「資産」になるということはまずあり得ません。

そんななか、自分の資産を守るための強力な武器となるのが「リノベーション」であると、僕は考えています。なぜ、リノベーションがユーザーの資産を守る武器になるのか。ここで、簡単に中古マンションのリノベーションのメリットを紹介したいと思います。

まず、中古マンションのリノベーションでは、物件購入後の工事費用を含めても、同じエリアの新築マンションを購入するより予算を大幅に抑えることが可能です。

築30年以上経過した中古マンションの価格は、同じエリアの新築価格の約50%～60%程度（郊外や地方都市では50％前後で、東京都心部では60％に近くなる）で落ち着き、そのまま築40年、築50年と、それほど大きく下落せずに推移します。

例えば、世田谷区あたりでファミリータイプ70㎡のマンションを新築で購入することを想定して、坪単価平均からシミュレーションすると、平均的に見て6500万円前後になります。でも、同じエリアで築30年以上の中古マンションを探せば、3500万円～4300万円あたりで見つかる可能性があります。そこにリノベーション費用を800万円かけたとしても、合計価格を新築価格の70％前後に抑えられるということです。

価格差にして1400万円～2200万円。仮にローンを組んでの購入となると、この差というのは、かなりの暮らしの余裕の違いを感じます。

また、東京都心やその周辺地域などでは、エリアの価値や物件の評価に見合った投資と見なされれば、住宅ローンの中に物件価格とリノベーション費用の両方を組み込むことができます。その場合、通常のリフォームローンの金利ではなく、住宅ローンと同じ低金利でリノベーションに取り組むことが可能になります。

すべての銀行で無条件に対応できるとは限りませんが、中古マンションの価値を再生する手段が徐々に整ってきているのは間違いありません。

■実例紹介。リノベーションで中古マンションはここまで変わる！

とはいえ、リノベーションで何ができるのか、まだまだ実感が伴わないという方が多いのではないかと感じます。ここでは、リノベーションによって中古マンションがどこまで変化することができるのを見てもらいたいと思います

人気エリアの西荻窪で、築42年の中古マンションを購入したクライアントの織田さんご夫妻（仮名）のお宅の場合、2LDKだった間取りをすべて一度スケルトン状態にし、壁をなくして、ひとつの大きな空間をつくっていきました。

55㎡という数字の印象としてはそれほど広くない空間を、どうすれば広く感じることができるのかを考え、壁の代わりに造作収納やキッチンなどを置いて部屋を区切りました。このように水回りの位置を移動させることで、より回遊性のある動線を確保できます。実際の図面や写真のビフォー・アフターを見ていただくと、間取り部分以外でも、かなり印象が変わったのがわかります。

織田さんご夫妻宅　リノベーション設計／スマサガ不動産

・30代前半（会社員）夫婦２人暮らし

・総予算（物件＋リノベーション費用）：3260万円（諸経費別途）

・物件概要：西荻窪駅徒歩7分、RC造マンションの1階住戸、専有面積55㎡、専用庭20㎡、築42年（購入時）

玄関からバルコニー（専用庭）までが遠い長方形の空間。しかも１階。既存の細かく間仕切られた3DKは圧迫感があり、窓周り以外は暗いし、玄関なんて真っ暗。周辺環境、価格、立地、管理状況には、直観的にときめいたマンションだったのですが、なにか寂しい感じがして、「果たして本当に心地良い空間になるのだろうか？」と購入時の織田さん夫婦は少し心配で、購入判断をにぶらせていたくらいです。しかし、心配無用でした。リノベーションで縦方向に伸びやかに視線がつながる間取りに変更すると、玄関から視界に飛び込んでくるバルコニーの開口部は圧巻の明るさに。また、風通しを確保するために造作家具で間取りをつくり、間仕切り壁を最小限に抑えたので、どこにいても広さと奥行きを感じる居心地のいい住まいをリノベーションで実現されました。

after　　before

〈玄関方向〉

〈バルコニー方向〉

〈キッチン〉

■住まいは商品じゃない。自分の資産として、育てるものである

「もうこれで終わっちゃうんですね。寂しいなー」
「いえ。今日からスタートです！」

中古マンションをして、リノベーションを行った僕のクライアントに話を聞くと、購入から設計、工事が終わり、「いざ引っ越しだ！」というタイミングに、なぜかこのような気持ちになるそうです。不思議ですよね、本来は引っ越し自体が楽しみのはずなのに。

リノベーションを実際に行う場合、当然、工事がスタートする前に数か月の設計期間を設けて、自分の住まいをどうつくるかという課題にすべてのクライアントが向き合う必要があります。そして、この物件選びからリノベーション設計という住まい探しのプロセスが、クライアントにとって、本気で自分と向き合ういい機会になっているということなのでしょう。「住まい探しは究極の自分探しだな」としみじみ思う瞬間です。

このように購入時点ですべてを完成させず、未来を見据えた家づくりをしていくことができるのも、リノベーションの魅力のひとつだと思います。**将来にわたって少しずつつく**

り込み、住まいを「育てる」という感覚ですね。

実際、ヨーロッパの先進国では、この「育てる感覚」が一般的になっていて、趣味の上位にガーデニングやＤＩＹが必ず入ります。

以前、フランス人クライアント宅のリノベーションを担当した際には、「コストダウンのためにできるだけ仕上げを自分でやる」と言っていたのが印象的でした。

内装を下地の合板むき出しの状態で先方に引き渡したあと、２年間ぐらいかけてじっくりと壁を塗り、家具を作り、床を張るなどといったＤＩＹに取り組んで、家を完成させていました。さらに、「まだまだやりたいことがたくさんある」として、未だに家をＤＩＹし続けているようです。

日本でも最近はＤＩＹ商品が非常に充実しつつあります。僕自身が仕事としてリノベーションに取り組み始めた頃、プロ用として使っていた資材よりも、はるかに豊富で高品質な資材が一般の人でも手に入るようになっています。

必ずしもＤＩＹという形を取る必要はありませんが、このように自分で手をかけながら、長い目で住まいを「育てる」というのも、何か楽しいエンターテインメントして捉えられませんか？

最初から完璧を求めて資金計画に無理をしても、それが10年後の完璧につながるわけではありません。そもそも、購入時の資金計画に無理があると、住まいの資産価値を維持管理するプロセスで、何か不測の事態が発生したら身動きがとれなくなってしまいます。それよりも楽しみながら、時間をかけて住まいを「育てる」リノベーションしていくほうが面白いですし、それこそが資産の維持管理を踏まえたリノベーションの真の姿ではないかと僕は考えています。

第六章　日本のサラリーマンにはロマンが足りない

■不動産業界と日本の未来がヤバい

ここまで読み進めてきたあなたにはすでにわかっていただけていると思いますが、新築至上主義をベースにしてきた今の日本の住宅供給システムはかなりヤバいことになっています。

第一章でお話ししたように、現在、日本の住宅の数は十分に足りていて、むしろ余って誰も使わなくなった住宅の維持管理や処分をどうするのかといった、いわゆる「空き家問題」が社会としての課題になっている状況です。その中で、すでに２００８年から日本は人口が継続的に減少に転じていて、世帯数についても２０１９年をピークにその後は減少を続けると予測されています。つまり、今後も今のペースで新築住宅を供給し続けると、**さらに「空き家問題」が加速してしまうことになり、ユーザーが所有する住まいの資産価値もどんどん目減りすることになる**のです。

もうそろそろ日本も社会として新築至上主義から卒業して、新築住宅の供給量をコントロールしていくか、中古住宅の取引量を活性化させるかして、住まいの資産価値を上げる方向にシフトしていかなければ、ユーザーにとってはもちろん、業界にとっても未来がありません。新築住宅の供給に依存して利益を得てきた不動産業者たちも、もうそろそろこの現実から目をそらせなくなってきているはずです。

国土交通省は、東京オリンピックの開催される2020年までに、中古住宅流通とリフォーム（リノベーション）市場の規模を約20兆円に倍増させることを、目指すべき住宅市場の姿として目標にしています。そのための施策も実施していますし、「新築中心の住宅市場から、リフォームにより住宅ストックの品質・性能を高め、中古住宅流通により循環利用されるストック型の住宅市場に転換する」ことが、これから目指すべき不動産市場の姿であると明言しています。

つまり、**旧態依然の新築至上主義から脱却し、中古住宅を社会のインフラとして活用する方向性を、実はもうすでに行政が主導で進めている**ということになります。

実際、今の時点でも住宅ストックの活用に軸足を移し始めている不動産業者や、異業種からリノベーション事業に参入する動きなどもかなり出てきているので、今後、中古住宅の市場は間違いなく活性化すると思われます。そうなると、日本でも、土地の値上がりに頼らずとも、住まいを「資産」として長期的に維持管理して、所有者が資産価値のメリットを享受することが可能となる時代になっていきます。ということは、ユーザー側としても、「これからは、スペック重視ではなく、資産価値の維持がしやすい住まいを購入したほうが絶対にいい！」ということになりますよね？

■ユーザーの意志が業者を、そして、業界を変える

ただ、今ひとつ、世の中が中古住宅流通を活性化させる流れに転換している実感が持てないと、あなたは思うかもしれません。結局、ユーザー側が新築至上主義の文化の影響から逃れられないでいて、「どうせ買うなら、少しでも新しい物件が安心な気がする……」ということで、新築にステータスと強いニーズを持っているうちは、どんなに「空き家問題」が深刻化しようが、ユーザーが所有する住まいの資産価値が目減りしようが、効率よく稼げる新築の供給量を減らすことは、業界として考えるはずがありません。つまり、「わかっちゃいるけど、やめられない……」ということです。

業界の取り組みがまだそういった中途半端な状況なので、国土交通省も、中古住宅流通を活性化する施策を出しながら、同時並行で新築の購入支援の施策も継続するということをやっています。こういう状況で、どう行動すればいいかを迷ってしまうユーザーの気持

ちもわかりますが、やはり**「新築を買うバカがいるから売るバカもいる」**というわけです。

だからユーザーである僕らが、**〝ステータスにこだわって新築を買い続ける〟**のか、それとも、**〝住まいの資産価値を守るために中古物件を購入する〟**のか、態度をはっきりさせる必要があります。日本で中古住宅流通が活性化され、名実ともに住まいが「資産」になるのは、ユーザー側が〝文化〟レベルで完全に変わったときなのかもしれません。

要は、業界の動きはあくまでもサポートとして考えて、僕らに、住まいを「資産」にする意思があれば、そのための環境条件がすでに整いつつあるという感覚で、時代を捉えておくべきだと思います。

僕らのなかに「しっかり維持管理された住まいは資産になる」という揺るぎない感覚があれば、資金計画を考えるときに資産運用のことも勉強するようになるでしょうし、建築のことや不動産のことなど、少しでも知識を得たいと思うようになるはずです。物件情報の検索をするときも、周辺相場は自然に調べてしまうはずですし、可能な限りは自分の「住まい探しのコンセプト」をまとめてから、不動産会社に意見を聞きにいくことになると思いませんか？

そうなると、不動産会社は自分の売りたい物件、あるいは売りやすい物件を売り込むというスタンスでは売り上げが出にくくなり、しっかりヒアリングしてアドバイスしていくという流れをとらざるを得なくなるはずです。**何より業界の流れごと変えていく、ユーザーの意思が必要**なのです。

■不動産業界に〝革命ののろし〟が上がらないワケ

そもそも、なぜ不動産業界の内部から**〝革命ののろし〟**が上がらないのでしょうか?

新築至上主義の時代につくられた「マーケティングしてどんどん商品をつくって売る」ことで、業界が利益をあげるシステムから中古住宅の流通を整備して住まいの資産価値を向上させるシステムに移行するためには、「ストック型の住宅市場でユーザーが資産を維持管理するためのコンサルティング」で利益をあげる必要が出てきます。つまり、不動産市場をこれからの時代に合ったシステムに移行させるには、**不動産業界には売り込みの強い営業マンではなくて、ユーザーの立場に立ったコンサルタントとしての役割が求められてきます。**

にもかかわらず、今の不動産業界の取引慣習には、ユーザーの立場に立つコンサルタントを活動しづらくさせている元凶となる仕組みがあります。この仕組みにより、コンサルタントの立場を貫く業者が成長できず、結果、〝革命ののろし〟が上がってこないのだと思われます。

まず是正すべきは、不動産仲介の報酬である「仲介手数料」にほかなりません。

あなたが中古物件を購入しようと考えた場合、取引の相手はその物件の所有者です。そして、所有者はその物件にもともと住んでいた一般の方の場合がほとんど。つまり、中古物件の取引は素人同士が行うわけです。ただ、不動産取引のような高額案件を、素人同士でまとめるのはトラブルになりやすいですし、買い手としては、物件の本質的な価値を判断するのに不安があります。そこで、それぞれの立場の代理人として不動産取引のプロが仲介をするわけです。その仲介業務の報酬として「仲介手数料」が発生します。

当然、仲介にあたって、売主には売る側の立場で情報を集め、その情報を精査しアドバイスをする不動産のプロがいて、買う側のあなたには、あなたの立場で情報を集め、その情報を精査しアドバイスをする不動産のプロが味方につけば、全員がＷｉｎ－Ｗｉｎになる取引がまとめられますよね？　そして、売主は売る側を担当した仲介業者に、あなたは買う側の立場に立ってくれた仲介業者に、それぞれ「仲介手数料」を報酬として支払うなら、それぞれの立場で交渉もしてもらえますし、その料金に見合ったアドバイスがもらえます。これが基本的な仲介のかたちです。ここまでは問題ないですよね？　この仕組みであれば、コンサルタントとしての仕事も成立します。

■「仲介手数料」が住まいを所有する人の利益を奪ってきた

しかし、なぜか日本では、売り手と買い手の仲介業者が同じになる「相互仲介」が認められています。**売り手と買い手の代理人として交渉する人が同じというのは、ユーザーにとって〝利益相反〟**になるはずであり、禁止されていないことがまず大問題ですが、実際に「相互仲介」は当たり前のように行われていて、その取引を通称「両手」と言います。

「仲介手数料」は売り手の仲介であっても、買い手の仲介であっても物件価格の3％＋6万円が上限なのですが、「両手」取引では、売り手と買い手の両方から「仲介手数料」がもらえることになるので、単純に仲介業者の報酬が2倍になります。

この場合、買い手に対しては、仲介業者は自分の売りたかった物件を仲介するだけの作業であり、コンサルタントとしてのアドバイスは立場的に不可能です。つまり、手間はほとんど変わらないのに、「仲介手数料」の報酬が2倍になるということです。

ですので、**売主から物件の売却を頼まれた仲介業者は、できるだけ「両手」で契約をまとめて、手早く報酬を2倍にしたいと考えます。**仲介を自社に限定する「専任媒介契約」を交わしてあれば、売主がほかの業者に仲介を依頼しないとわかっているので、売主側の仲介業者は思うままに情報をコントロールすることが可能になります。このように中古住宅市場では売主側の仲介業者が自社の利益を最大化するために、「情報の非対称性」を利用して取引の主導権をコントロールすることがよくあります。

このことで、売主には売りたいときに売りたい価格で売れないリスクが発生するし、買い手には買えたはずの物件が買えないという不利益が発生します。

■ある50代ジェントルマンを襲った仲介業者の魔の手

ここで「両手」取引に関して、売り手と買い手の両方に不利益があった実際の事例を挙げておきます。こういうことが頻繁に起きる市場では、ユーザーが主体的に取引に参加しながら、住まいの資産価値を向上させていくことは難しいし、不動産業界にコンサルタントの役割を期待するのは、まだまだ先になるなと思わざるをえません。

これは僕のクライアントがある中古マンションを、売り出し価格そのままの２５００万円で買いたいと申し込みを入れたときの話です。

僕は、買い手であるクライアントの代理として、売主側の仲介業者に連絡を入れ、クライアントが物件を買いたい旨を伝えたところ、まず返ってきた言葉が、「売主には購入希望者がいることを伝えたくない」ということでした。「え？」と思いますよね？　さらにその仲介業者は、そろそろこの物件を売りに出してからある程度時間も経ってきたし、売主には**「このマンションはなかなか売れそうにないですね」**という話をしようと思っていると、言い始めたのです。

さて、ここからがその仲介業者の本題なのですが、「一般の人には２５００万円という価格では売れそうにないから諦めましょう。でも、１５００万円ならほしいという再販業者（買い取った中古物件にリフォームなどを施して改めて市場に再販物件として流通させる業者）がいるから、その業者に売りませんか？」という話を持ちかけるつもりだというのです。

築35年経ってかなり内装も設備も傷んだ状態で売りに出しているのだから、「相手が業者なので売り出し価格より1000万円も安く売る必要がありますが、これだけ買い手が出てこないんじゃ、どちらにしても値引きしないと売れないでしょうし、再販業者に売れば瑕疵担保責任は免責（購入後に物件に不具合があっても買った人の自己責任）にしてもらえるから安心ですよ」と言えば、売主も納得するはずだし、そろそろ売れなければマズい事情があることも知っているというわけです。

その仲介業者が言うとおりに1500万円で再販業者に売るという取引が実行されると、実際には2500万円で買いたい人がいるのですから、売主は1000万円も損をすることになります。でも、売主の仲介業者は2500万円で僕のクライアントに物件を売っても、買い手の仲介には僕が入るので「仲介手数料」は売主からしかもらえません。その場合の「仲介手数料」は81万円です。1500万円で再販業者に売った場合は、売主と再販業者の両方から「仲介手数料」をもらえるため、51万円×2で102万円になり、21万円手数料で得をします。仲介業者は21万円の利益のために、自分のクライアントである売主の住まいを、1000万円も安く売らせようとしていたのです。
売主さんは人の善さそうな50代のジェントルマンで、よくこんな人を欺こうとするなと思いましたが、残念ながら、業界には「両手」で契約することを「営業努力をした」くらいにしか考えない営業マンも多いようです。
このような慣習が業界に残っている以上、住まいの資産価値から得られる利益はすべて業界のなかに吸収され、ユーザーの手には渡ってきません。ユーザーに資産価値の利益が還元されなければ、誰が住まいの維持管理を熱心にできるでしょうか？　中古住宅の流通を整備して住まいの資産価値を向上させるべき、これからの時代にこのような旧態依然とした慣習は早急に改善する必要があります。

ちなみにこの話にはまだ続きがあります。

「でも、なんで僕に黙って勝手にやらないのだろう？」と不思議に思っていると、**「もし本気で買いたいならバックマージンを30万円用意してくれれば業者には流さない。そちらに売ってもいいですよ」**。そんな提案までしてきました。

この物件はあなたのものじゃないでしょうに……ああ、なんと勝手な……。

■資産価値は素人につくれないなんて誰が決めた？

そもそも、なぜ売主は自分の手で資産価値がつくれるのに、業者に資産を明け渡して、自分の手元に一銭も残らなくしてしまうのか？

まずは、中古物件を市場に出そうとしている売主が安易に専任媒介契約を選ばないようにするべきです。専任媒介契約は自分の家の将来に関する主導権を業者にみすみす受け渡してしまう行為にほかなりません。**自分の所有している住まいの資産価値を大切にすること、そして、常に市場にアンテナを張ること、本当に味方になってくれるプロの存在を見抜くことから、ユーザーが主役になる不動産市場が育てられていきます。**今の時代、ユーザーが中古インフラの資産価値から利益を享受できるようなシステムにしていかなければなりません。だから、ユーザーは自ら気付くべきなのです。

先述したような仲介手数料のブラックボックスによって、業界だけが資産価値の再生からの利益を得ている現状があります。これは本来、売主が得るべき利益です。今後、中古マンションを所有しているユーザーが住まいを売りに出すときには十分に注意してほしいと切に願うばかりです。

仲介手数料が物件価格のパーセンテージになっていることで、営業マンとしてはより価格が高いものを仲介することにモチベーションが向かいます。さらにユーザー側が知識不足のために、「どうせ買うなら、念のために、より新しく、より広く、より便利で、高額なほうがよいモノですよね？」という本質とは少しズレたニーズを持ってしまっています。そのマッチングにより、未だにこの国は構造的貧困から抜け出せないでいます。

また、最近、中古マンションを探すと「リノベーション済み物件」がよく目に付くようになりました。ある程度の築年数が経過した中古マンションを業者がリノベーションして売り出しているわけですが、ここ数年、ずいぶんと増えています。

同じく近年の流行として、「リノベーションパッケージ」という、業者が用意した選択肢からリノベーションのプランを選択するサービスもよく見かけるようになりました。

中古マンションの価値を蘇らせる「リノベーション済み物件」も、自分の住まいの内装を自分で選択する「リノベーションパッケージ」も一見、先進的な取り組みのように思えますが、僕が思い描くリノベーションのあり方とは大きく違います。

ここまで繰り返し話してきたように、**リノベーションはユーザーが主導権を持って新たな価値を創造するための武器**だと考えています。これからの住まい探しは業者が主役になる必要はないのです。しかし、「リノベーション済み物件」や「リノベーションパッケージ」といった「お手軽版」では、リノベーションによって生まれる価値はすべて業者の利益になってしまいます。

言い換えれば、「お手軽版」のリノベーションは、**ユーザーを主体性のない「消費者」のままにとどめておき、リノベーションで再生できる価値の利益をすべて業者側で回し合おうという旧態依然の取引慣習から来る発想**なのです。目先だけ変えて、住まいの売買の主導権を渡そうとしない業者には徹底的にNOを突きつけるべきです。

せっかく過渡期にあるにもかかわらず、まさに新築を売りさばく奴らのやりかたをそのまま平行移動しているような旧態依然とした不動産業者の手法に騙されてはいけません。

■日本のサラリーマンにはもっとロマンが必要

実は、今は崩壊する寸前ではあるのですが、つい最近までの日本人の一般的な感覚として、特にサラリーマンにとっての生活の土台は、

- **国から必要十分な社会保障を受けることができる**
- **就職した会社から安定した収入を得ることができる**

このふたつが常識として成り立っていました。そして、日本にいること、会社に就職していることが安定と感じられたからこそ、35年の長期ローンを組んで住まいを購入し、生涯をかけてそのローンを返済するために働いてきたのです。就職した会社と購入した住まいのある土地に縛り付けられるライフスタイルも、安心安全をより感じられる要素に思えたし、それなりに豊かさも感じていたし、何よりみんなで成長している一体感が「幸せ」を実感させてくれました。

僕の親の世代でもある団塊の世代が社会の中心にいた頃は、完全にこの価値観のもとに

生きていて、その影響がまだまだ日本の社会には残っています。それが、今の若い世代のライフスタイルに迷いをもたらしている気がします。

実際には、この価値観は今ではまったく通用しなくなっているのですが、その後の日本に新しい「幸せ」なライフスタイルのモデルが登場していないため、未だに「昔はよい時代だったらしいね」という憧れを、なんとなく引きずってしまうのだと思います。どうでしょう?

僕の両親も、一昔前の価値観による「幸せ」の3点セット、

・**大企業に就職**
・**結婚して専業主婦&子供2人以上**
・**新築一戸建て庭付きのマイホーム**

で「幸せ」な人生を築きましたし、今でも「幸せ」に生きています。この3点セットを揃って実現できれば、完全無欠の「幸せ」を享受する中産階級になれました。もちろん、その「幸せ」は、簡単に実現できたわけではありません。

僕の両親を見ていた記憶からも、家族の幸せのために、あるときは夫婦で悩みながら、本当に頑張って生きていたのを知っていますし、また、父が自分の関わった仕事に誇りを持って、一生懸命努力しながら取り組んでいたのも知っています。だから、リスペクトもしています。ただ、こうすれば「幸せ」になれるというモデルがあったことで、迷いなく生きられた時代だったと思います。**結果が出るから頑張れる。これが今の時代にない「ロマン」としてあったはずです。**

■自分らしいライフスタイルをつくる原動力とは何か？

でも、僕自身の生き方の選択肢として、この3点セットにはちょっと違和感があります。団塊ジュニア世代である僕が社会人になった頃には、もうすでに日本経済は右肩上がりではありませんでしたし、経済が右肩上がりじゃない時代にこの3点セットを手に入れても、安定感のある人生になるとはとても思えませんでした。**どちらかといえば、今の時代において、それは、ちょっと「重たい」なと感じるのです。**

ひとつの会社に縛られること、住まいを購入した土地に縛られること、そして、たくさんの子供を持つことによる子育てコストは、それぞれかなり「重たい」し、あらゆるものが足かせとなり、あなたの未来や、あなたの家族の未来を構造的貧困へと誘っているように思えます。

確かに「よりたくさんのモノ」を所有している状況は楽しいし、そうすることの満足度はとても高いです。でも、経済が右肩上がりじゃない時代に「よりたくさんのモノ」を所有することのコストはものすごく高い。

昔と今の「幸せ」の絶対的な違いは、「所有することがゴールではない」ということです。 このことの違いと意味が今ひとつ理解されていないから、今の時代に翻弄されて、みんながどんな人生を歩むべきかわからなくなって迷っているのではないかと僕は思います。「幸せ」の象徴をたくさん手に入れても、それを維持管理することに疲れてしまって、いつもエネルギーが余らないギリギリの状態で生活しているのが、今の日本人じゃないでしょうか？　あるいは、ただただエネルギーを使わないことだけに終始してしまって、人生の目標を見失っているか、どちらかではないでしょうか？

僕が思うに、人が「幸せ」を感じない最大の要因は、心身的にはエネルギーのなさ、経済的にはキャッシュフローのなさだと考えます。**「幸せ」を手に入れようと、もがけばもがくほど、「幸せ」を感じない要因が増えていく。**これを構造的貧困のワナにはまっていると言わずしてなんと言いましょうか？

■「幸せ」のかたちは自分で決めるしかない

今の日本で子供を育てるということについて考えてみましょう。

まず、子供をひとり一人前にするための費用は、２０００万円〜３０００万円といわれています。仮にあなたの世帯年収が６００万円だったとして、貯金も特になく、東京23区で３ＬＤＫの新築マンションを購入してしまったとします。そこで、子供を２人育てると、子供が大学を卒業するまでの22年間、あなたに生活費はほとんど残りません。**つまり、馬車馬のように働かされる「奴隷」のような生活を送りながら、毎月の赤字でやりくりが大変という状況です。**

そんなときに、子供は、医学部に行きたいと言ってきたり、スポーツ選手になりたいと言ってきたり、海外に留学したいと言ってきたりすることもあるわけですよ。子供の可能性を伸ばすためには、いろいろ経験をさせてあげることが最高の教育とはわかっていても、今の日本のほとんどの家庭には、そんな余裕はないのです。

現状でも、子供を2人3人育てるのはかなり厳しいですが、実際、日本人の平均年収は年々減っています。加えて転勤や失業、突然の病気やけが、親の介護、さらには地震や津波などの災害の問題も誰もが直面する可能性のある現実的なリスクです。

このような構造的貧困から抜け出すにはどうすればいいでしょう?

ちなみに貧乏と貧困は違います。貧乏でお金がないという状態は、頑張って努力することでクリアできますが、残念ながら努力によって克服できないのが構造的貧困の怖さです。そして、日本人のほとんどが直面しているにもかかわらず、気がついている人もほとんどいません。構造的貧困とは気がつかないからこそワナなのです。

だから、まずは、自分が生きている現実を知る必要があります。つまり、今の自分には、何が可能で、何が不可能かを知るということから始めることです。そうすることで、家計的にはキャッシュフローに余裕を持たせることになり、エネルギーが常に余るようになり、それが、自分らしいライフスタイル構築の原動力になります。

問題なのは、構造的貧困の生活に慣れてしまうと、**一般に「常識」とされる「幸せ」の幻想を追うことに取り憑かれ、自分のアタマで考えることを忘れてしまいます。**構造的貧困に陥りやすい人は、何かを手に入れれば「幸せ」になれると考え、どうすれば楽に手に入れられるかということだけを考えるのです。

だから、住まい探しにおいては、新築一戸建て庭付きマイホームとか、共用部が華美な新築タワーマンションなんかがわかりやすく、魅力的に見えてきます。これを手に入れれば「幸せ」になれるというイメージを消費したくなってしまうのです。

しかし、この「幸せ」を維持するためには、非常に大きなコストを強いられることになってしまうし、かけたコスト分の資産価値が後に残ることはありません。

先ほども言ったように、今の時代は、キャッシュフローに余裕を持たせることと、エネルギーを余らせることが重要です。それを給与が右肩上がりではない環境で行うのですから、少しでも資産価値のあるものに投資して維持管理し、運用していく……これしかないのです。

■常識の奴隷になってしまったら絶対に自由になれない

一昔前までは、ある種の「奴隷」になることで、幸せにしてもらえた時代だったのかもしれません。しかし、今は思考停止して誤った常識や価値観に隷属していては決して幸せにはなれません。今という時代は、「自由」になって、自分の手で幸せをつくるしかないのです。

住まい探しに置き換えれば、ただ、今まで通りに、せっかくのサラリーマンの特権である「住宅ローン」を新築マンションや新築戸建てを買うために使って、「奴隷」になってはいけないということです。

資産性が見込める中古マンションを購入し、リノベーションを行えば、収益還元法で物件価格とリノベーション費用ともに住宅ローンを組むことができます。これからは、**リノベーションによって、ユーザーが中古マンションを自らの手で育て、自分たちで資産価値の恩恵を受けるべき**だということです。

「リノベーションを駆使して住居費をいかに抑えながら豊かなライフスタイルをつくれるか？」というチャレンジに、多くの方が取り組んだら、それは住まい探しに革命が起きたといっても過言ではないと思います。

ただし、何か新しいことを学ぶとき僕らは、「何が正しくて、**何がウソかを見抜くための予備知識」を持っていないと、誰かがまことしやかに言っているそのメリットが、本当に正しいものなのかを判断することができません。**

ここで多くの人は、「口コミ」や「人間性」などで情報の信用度を確かめようとするわけですが、これもまた、なかなか正しく判断することができない情報です。

すると、結局、感情に押し流されて「なんとなくよさそうなもの」を買ってしまうわけですが、「なんとなくよさそうなもの」というものが実は、最もリスクの高いものだったりすることが常、うまくいく人は残念ながらほとんどいないのが現実です。知的貧困からの脱出を達成するために必要なことをひと言で言えば、**「自分で可能性を見いだし、運用する力を身につけろ」**ということになります。

でも、日本では住まいの購入というのが完全に「商品を買う」ということとイコールに設定されて、ユーザー側は消費者としてそれを買わされてきた歴史があるので、「住まい探しで幸せになる選択肢はたくさんあって、それぞれにどんな可能性やロマンがあるか」ということを皆さん、全然知らないのです。

では、今のサラリーマンには「ロマン」がないのか？　未来には、絶望するしかないのでしょうか？　いや、そんなことはありません。過去の日本人は縛られることで「幸せ」を感じました。要は「奴隷」になることで幸せをつかんだのです。

これからの時代は、「自由」がキーワードではないかと思うのです。僕が考える「自由」というのは、つまり、**自分がやるべきことを自分で選択することができること。何でもできる自分の可能性にロマンを感じる時代**なんだと考えています。

だから、「奴隷」は卒業しなければいけません。住まい探しに置き換えると、資産価値は自分でつくれると考えることです。自分らしいライフスタイルを描きながら、自分で選択するのです。

サラリーマンは今の時代においてもまだまだ有利な立場のひとつです。自分の可能性を自覚して、有利な立場を利用して大きくなってやろうという夢を多くの人が持てば、日本はすぐにもっと豊かな国として再浮上するんじゃないかと本気で僕は思います。

例えば、**住宅ローンだってサラリーマンは経営者に比べて非常に組みやすいし、金利も低いです。**この〝武器〟を新築を買うという無駄に費やして、あえて自分の一生をそこに縛り付ける意味はないんじゃないか？　中古マンションのリノベーションなら、十分に将来の資産構築としても考えられるかもしれないにもかかわらずです。

■住まい探しに本当に必要なのは営業マンではなくコンサルタント

ユーザーが本当に正しい住まい探しをするために、一番必要なもの。それは、「住まい探しのコンサルタント」ではないかと僕は思っています。

ユーザーが自分の意志だけで決められれば一番ですが、不動産売買や建築の専門知識を一からすべてを身につけることは現実的ではありません。だから、そういった**専門知識を持ったコンサルタントが、ユーザーの立場に立って考え、専門的なアドバイスをする。そうすることでユーザーが正しい判断を下せるようになるのが望ましいと考えています。**

そして、大きな問題を抱える現在の仲介手数料制度をやめて、すべて「コンサルタントフィー」という形で、ユーザー側が業者に報酬を支払うのが理想的です。仲介手数料という報酬制度ではより高額な物件をより多く売ることでしか営業成績を伸ばすことができず、これが結果的にユーザーの利益と相反することになります。

今後はコンサル視点でアドバイスできる業界になっていけば、業界とユーザーがWｉｎ－Wｉｎで、よりよいクライアントとの関係性がつくれるし、これからの時代は住まいが商品ではなく「資産」にならないといけないので、時代性にもマッチしていると僕は考えています。まだまだ数はあまり多くはないですが、このような契約を望む情報感度の高いユーザーもだんだんと増えてきています。

もしコンサルタントの仕事の質が売り上げにつながるシステムになれば、不動産業者のなかで競争が生まれ、質の高いコンサルティングが提供できる会社には高いコンサルタントフィーが発生し、逆に有意義なアドバイスができない会社からは顧客が離れていくはず。**つまり、責任の所在をはっきりさせて、物件価格の高低ではなく、仕事の質で報酬が変動するようにすればいいのです。**

それによって、ユーザーはフェアに情報にアクセスできるようになり、将来のビジョンが描きやすくなります。取引慣習の問題から発生していた不利益がなくなるなど、ユーザー側のメリットは計り知れません。何よりすべてをユーザーの立場で助言してくれるプロの存在は頼もしいはずです。

当然、その場合、現在の不動産業者の仕事は大きく変容していくと思います。単なる仲介業者ではなくて、建物調査やファイナンシャルプランニングのような要素も必要になってくるはずだし、法改正や業界全体の意識改革に合わせて、新たな教育カリキュラムも必要になってくるでしょう。

業者側にとってはいささか負担も責任も多くなりますが、僕はやはり不動産業界にはコンサルタント化する必要があると考えています。そして、本当にユーザーにとって有効な仕事をした人間が、きっちりその仕事に見合うフィーを請求するようになればいいと考えます。

ただ、不動産業をコンサルタント化していく上で、取引システムの改善と平行して考えていかなければならないのが、ユーザー側の意識改革です。あくまで「お客さま」という目線をやめて、コンサルタントと同じ目線をとるように心がけ、同じ目標を共有するパートナーとしていられるように心がけるということです。

「消費者気分」でいる人は、お金を払うんだからサービスは与えられて当然と考え、「プロに頼んだんだから、全部やってくれるんでしょう?」と思ってしまいがちですが、それは大きな間違いです。コンサルタントはあくまで、あなたの中にある「正しい住まい探し」を引き出しているだけです。

そもそも、自分自身や家族にとっての「正しい住まい探し」の答えは、クライアント本人の中にしかありません。

ただそれが深層心理にあって、自分だけでは見つけにくいので、コンサルタントが併走しながら、専門家としての知識も踏まえていっしょに考えるわけです。クライアントが自分自身の中にある理想や願望を引き出して、その結果、自分にとっていい住まいとはどんなものなのかを、自分のアタマで考えて判断しようとしなければ、その行為自体が成り立たないのです。あなたは、たとえどんなにいいモノに囲まれていても、他人に与えられたモノだけでは幸せになれないと思いませんか?

僕は、いつまでも「消費者気分」が抜け切らない人が、情報や周囲の価値観に惑わされたまま住まい探しをしても、その人自身や周囲の人たちを決して幸せにしないと確信しています。あなたは、周囲の情報に振り回されるまま何も考えない消費者になるか、それとも自分のアタマで考える賢いユーザーになるか。どちらを選びますか？

先述した手数料ゼロ業者をはじめ、「バイヤーズエージェントゼロ」や「設計料ゼロ」なども出てきていますが、タダで人が動くわけがないのです。**あなたがこれに喜んで飛びつくようだと情報の非対称がいつまでも解消されず、不動産業界とユーザーの関係性の溝は埋められなくなってしまいます。**

必要なパートナーシップのためにしっかりと対価を払うことで確実な資産形成につなげる。ユーザーが資産を持つチャンスであるリノベーションが広まる過渡期にこそ、そのあたり、そろそろ考えていきたいところです。

■自由な人生を獲得するために住まいを買おう！

住まいを買う理由の上位に出てくるのが、「自分に何かあったときには家族に住まいを残せるから」というものです。住宅ローンの借り入れ時には原則的に団体信用生命保険という保険に加入し、完済前に借り主が亡くなった場合、残債分は保険会社によって支払われることになるため、借金は残さずに家を残すことができます。賃貸だと家賃を払わないと住めなくなるけど、持ち家さえ残すことができれば、奥さんやお子さんに住む場所だけでも確保できるからというわけです。

無償の愛を感じます。でも、だからといって、無理な返済を強いて高額なマンションを買ってしまうのは本末転倒。誰でもいつかは死を迎えますが、それまでは日常の積み重ね。家族に残せるからといって身の丈以上のローンを組んでしまうと、そもそも家族との生活に破綻をきたしかねません。だから**「万が一のこと」がなくても、人生のリスクヘッジとなるような住まいの購入が理想です。**

そのためにはどういった心構えで住まい探しに臨むべきなのか？　その答えはひとつではないですが、印象的なクライアントの例があるので紹介します。

当時、26歳だった鈴木さんご夫妻（仮名）は、ふたりの将来のことを考え、住まいの購入を決めます。その際、奥さまは次のように仰いました。

「例えば、今後、夫が転職したい、独立したい。という相談を受けたときに『それは困る、ローンどうするの？』という言葉ではなく、夫の考えを尊重し応援できるような言葉を発したい。だから自分一人でも支払えるくらいの資金計画で家を買いたい」

実際、そのお考えのもとに奥さまのご収入をベースに資金計画をし、その範囲内で買えるマンションを購入されました。代官山の駅からほど近い中古マンションでしたが、築年数や広さなどは現実的な判断をされたため、決して多額の頭金を準備したわけでも、年収が特別に高いわけでもない鈴木さんでも買うことができました。

人気エリアの駅近物件、しかも、リノベーションによって抜群に快適な空間をつくったため、将来的な「貸せる」ニーズも、「売れる」ニーズも十分、見込めます。

このご夫妻は後年、ご主人が転職するという際に「今よりも年収が下がってもいい？」というご主人からの問いに、「そうなってもいいように準備してあるからまったく問題ない」と奥さまは答えています。

「住まいを買うときも、夫だけの負担ではなく、お互いを補完し合えるような存在であることで、もっと自由にそれぞれの可能性にトライできる」。そういった関係性が成立するのが理想的な住まい探しのひとつかと考えます。

いろんな方向でリスクヘッジするのが、それぞれの家族によるオリジナルな人生の描き方であるべきです。

■住まい探しの奴隷解放宣言！

これからは賃貸も購入も関係ない「どんな住まいに住みたいか？」というシンプルな世界になっていくはずです。

「中古マンション×リノベーション」でいい家がどんどんできれば、それぞれの住宅が確かな資産価値を持ち、市場に循環し、欧米のように誰もが自由に何度も住み替える世の中だって、きっと実現できます。賃貸や購入を各々のライフプランに応じて、うまく使いわけて、どこに行っても自分らしい環境がつくれる社会の到来も夢物語だとは、まったく思いません。

そのためには、**サラリーマンは住宅ローンという低金利の借り入れがしやすいという特権を駆使して、既存の住宅市場にある、中古マンションをリノベーションして「資産」をつくることが、すべての基本ということにならなければいけないと考えています。**

僕は新築をつくることを全否定しているわけではありません。今後とも、量の質の高い新築が供給され続けることは社会にとって必要だと思います。しかし、今、普通のサラリーマンが無理をして、あまりにもリスクの高い投資にチャレンジすべきではありません。今の時代、新築への投資はリスクを被ることができる高額所得層に任せておくべきです。

本書でお伝えしたメソッドを用いれば、中古マンションとリノベーションの組み合わせがどれほど資産形成にとって強力なのかが実感してもらえると確信しています。**自分らしいライフスタイルを楽しみながら、将来の「資産」を育てていくのは、かなり楽しい営みになるはずです。**

自分の思いを込めた住まいに住み、生き生きと人生を楽しんでいるクライアントを見ていると本当にそう思います。

実は、日本ではほかの金融商品に比べて、不動産というのはかなり運用しやすいように優遇されています、特にサラリーマンにとっては！　残念ながら、もう日本は右肩上がりで経済が成長する国ではないのですから、資産運用に長けた人以外は、次第に生活のクオリティが落ちていくことになります。これはもう避けられない事実。**だからこそサラリーマンはその有利な特権を利用して、リスクを最小限に抑えながら「資産」を得ておくべきではないだろうかというのがこの本の提案**なのです。そのことがどうしても伝えたくて、僕はこの本を書きました。

ぜひ多くの人とこの感覚を分かち合いたいです。旧態依然とした不動産業界の奴隷は一刻も早く卒業して、自分らしいライフスタイルを楽しみながら、将来の「資産」をつくる喜び、そして、それが、日本の住宅市場にとって賃貸の質の改善や将来の新築の価値が目減りしにくい社会の実現も含めて、静かに社会の好循環をつくっていく……もうこれって立派な「革命」じゃないですか？　そう考えながら、より多くの人と僕はワクワクしたいのです！

おわりに　もっと自分らしく自由に生きたいと願う、住まい探し革命の同志に……

最後まで読んでくれて嬉しいです。

本書では、新築の住まいを購入しても資産にならない日本の現状をお伝えし、今の日本で住まいを購入して自分らしく自由な暮らしを楽しみながら、住まいを資産にするには、中古マンションのリノベーションを武器にするしかないという話をしました。

ただし、新築批判の本を書いたつもりではないのです。

日本には素晴らしい建築をつくれる人がたくさんいます。そういう人たちを育てながら、後世に残す価値がある新築は、むしろどんどんつくるべき。ただ、資産価値がないがしろにされ、量産された有象無象とともに、残す価値がある建築も一緒にスクラップにされている。そんな日本の「生き様」が嫌なのです。

「生き様」って大事ですよね？　つまり、「どう生きるか？」ということ。

本屋さんで住まい探しの本を見かけると、『得する家の買い方・選び方』とか、『賢い資金計画』とか、損得勘定のレベルで終わっていることが多いなという印象です。「どう生きるか？」という内容にまで踏み込んで書かれているものが、全然ないなと思っていました。つまり、全部がテクニック論なんですね。まあ、そりゃそうか……とは思いますが。そういう本のほうがニーズもあるでしょうから。

でも、僕が本を書くときは、テクニックと関係ないことにめちゃくちゃ踏み込んでフォーカスしてやろうと考えていました。だって、どれだけ住まい探しのテクニックを知っていても、もっと深い「どう生きるか？」からつながっていないと、それはあくまで〝糊塗〟であって、あなたという「個人」の幸せとつながるわけがないですからね。なので、もっとテクニックを知りたいという人には世間にある優秀な本を参照にしていただき、僕は誰も言わない、住まい探しに「どう生きるか？」をつなぐコンセプトについて、思いを込めて書きました。

結局、テクニックをどれだけ本に書いてもキリがないし、漏れなく網羅しようとしたところで、あなたという「個性」まで完璧にフォローするのは絶対に無理。逆に中途半端にテクニックを得てしまうことが、情報に振り回されることと同じになり、あなたが自分の「個性」を失うことになるかもしれないと僕は考えます。

「考えるな。感じろ！」（Don't think. Feel!）と、あの有名なカンフースター、ブルース・リーが映画『燃えよドラゴン』で言っていますが、この後に続く言葉が重要。

"*It's like a finger pointing away to the moon.*
Don't concentrate on the finger, or you will miss all the heavenly glory."

指を見ていても、月は見えない。
真実を見据えれば、言葉がわからずとも真実にたどり着ける。

日本の鎌倉時代に活躍した道元禅師の言葉が元ネタだそうです。
僕なりにこの本のテーマに沿って翻訳すると、「損得勘定より『どう生きるか？』でしょ？　だから、そんな生き方を実践するために、『直観力』を磨こうよ。そうすれば、今よりも自分らしく、経済的にも豊かなライフスタイルになるはずだ」。

これが、僕がこの本で伝えたかった住まい探しの究極の成功法則で、人生のつくり方にも応用できるノウハウだと考えています。ですので、ぜひ日本のサラリーマンには「住まい探しで人生に革命を起こせる」というロマンを持ってほしいと思います。

ちなみにせっかくの住宅ローンの特権があるのに、「負債」になる住まいばかりを買わされるのはもったいないということで、サラリーマンという言葉を使いましたが、もちろん、サラリーマンだけじゃなくて、経営者にも、自営業の人にも、公務員の人にも、クリエイターにも、アーティストにも、大工さんにも、アルバイトの人にも、主婦の人にも、大学生にも、老若男女、全ての人にロマンを持ってほしいのです。

商品としてわかりやすくパッケージされた新築マンションを選ぶのに慣れた日本人にとって、中古マンションを買ってリノベーションするというプロセスは、クリエイティブであるがゆえの取っつきにくさもあるみたいなのです。

自分の住まいの資産価値を自分でつくれと言われてもどう考えていいかわからないし、古くてボロい内装がどこまで自分好みに変えられるかイメージができない。そもそも自分でいろいろ考えるのが面倒くさい……という人が結構います。でも、自分の住まいのことを自分で考えるのが面倒くさいって、ちょっとそれって不感症なんじゃないですか？

友人がパリでアート活動をやっています。生粋の日本人にもかかわらず、なぜ日本でやらないのかといったら、日本人は美術作品の価値を自分で決められないっていうんですね。権威付けされた作品しか買わないと。だから、デビューしたてのアーティストにはキツいと。海外だと、普通にそのへんを歩いている人が自分の作品を見て、気に入ったら勝手に値段を付けてくるといいます。

今の日本人の多くは、もうどうしようもない不感症なわけです。要は、自分で価値を決める自信がないから、権威とか高い値札の奴隷になって、他人が押しつける価格を受け入れて安心している。そうなると、どれだけ表面的な損得でうまくやりくりしているつもりでも、結果的に割に合わないモノしか売ってない世の中になっていくわけで……そんな、他人にコントロールされる人生でいいですか？

あなたも中古マンションのリノベーションを体験して、「直観力」を取り戻し、不感症から脱出しませんか？　そして、ひとりでも多くの人に「自分で価値を決める」自信を取り戻してもらいたいのです。あなたの「もっと自分らしく自由に生きたい」という気持ちが、日本全体の幸せにつながっていけばと思います。

本当は、リノベーションはとてもシンプルで全然難しくありません。幸せな住まい探しを実現するための素養は、実は、もう自分のなかにちゃんと備わっているはず。ただそれを自分の内側から引き出すことができていないだけなのです。

よく言いますよね、自分探しの話。自分のやりたいことはなんだかわからなくなって、旅に出ても、結局、見つからず、ふと気付いたら自分のそばにあったという青い鳥の話。僕とクライアントとのリノベーション体験でも、そういうことはよくあって……ただ自分の周りを見直しただけで「人生がバージョンアップする瞬間！」をたくさん見てきました。だから、絶対、誰にだってできるはずです。「住まい探しは自分探し」、そして、人生が変わるきっかけはすぐそばにある。

それこそが、もともとそこにあるモノを大切にしながら価値を再生する「リノベーションの精神」だと僕は思っています。

少しでもこの本のメッセージに共感した方は、ぜひスマサガ不動産のホームページを見てみてください。本書では書ききれなかったテクニカルな要素は事例紹介をご覧いただくのが一番、わかりやすいかと思います。特にこの本を読んでいただいた方には、実際の体験談と絡めて住まい探しの方法を解説したこちらのページがオススメです。

5人のセンパイに聞いた、「住まい探しの実際のところ」
http://suma-saga.com/senpai

最後に、この本の編集を担当してくれた江口裕人さんと藤村はるなさんに感謝。スマサガ不動産のスタッフと、革命の同志であるクライアントに、初めての著書であるこの本を捧げます。いつもありがとう！　まずはメッセージを世に放つことができました。

そして、本書を読んでくれた人の中から、「住まい探し革命」の実践者がひとりでも多く出てくれることを願っています。個人が自分らしく自由に生きることが、みんなの経済的な豊かさにつながる日本になるように。不感症で貧乏症の時代からさっさと脱出して、感性あふれる日本を世界に見せつけてやりませんか？　あなたも、ぜひ自分のなかの「直観力」を信じて、もっと自分らしく自由なライフスタイルを楽しんでください！

2016年1月

城戸輝哉

城戸輝哉（きど　てるや）

スマサガ不動産CEO、建築・リノベーションプロデューサー、不動産コンサルタント。1970年、広島県生まれ。培ってきた建築設計と不動産仲介のスキルを駆使して、「本当にユーザーの立場に立って考えるとは何か？」、そして、「ウソをつかない住まい探しの会社とは何か？」を追求するため、2004年、スマサガ不動産を立ち上げる。ワンストップで中古物件の選定からリノベーションの設計まで相談に乗りながら、仲介やモノづくりだけで終わることなく、クライアントの人生に革命を起こす体験価値を提供することが信条。営業マンを一切在籍させず、チラシにも物件情報の広告にも一切頼らず、口コミとホームページのメッセージだけでクライアントが集まる専門家集団として不動産業界で大きな注目を集める。本書が初の著書となる。

編集協力……… 藤村はるな
装丁…………… 西田周平
DTP制作……… Office SASAI
図表制作……… ミューズグラフィック
撮影…………… 山田耕司
事例写真……… 平林克己

扶桑社新書　203

不動産業界の人だけが知っている
新築マンションは
買わないほうがいいワケ

2016年2月1日 初版第一刷発行
2016年2月20日　　第二刷発行

著　　者………城戸輝哉
発 行 者………久保田榮一
発 行 所………株式会社　扶桑社
〒105-8070 東京都港区芝浦1-1-1 浜松町ビルディング
電話 03-6368-8870(編集)
03-6368-8858(販売)
03-6368-8859(読者係)
http://www.fusosha.co.jp/

印刷・製本………株式会社 廣済堂

ISBN 978-4-594-07364-0